Paula Keck

LECKER KOCHEN im NOTFALL

Paula Keck

LECKER KOCHEN im NOTFALL

riva

Bibliografische Information der Deutschen Nationalbibliothek
Die Deutsche Nationalbibliothek verzeichnet diese Publikation in der Deutschen Nationalbibliografie. Detaillierte bibliografische Daten sind im Internet über http://d-nb.de abrufbar.

Für Fragen und Anregungen
info@rivaverlag.de

Wichtiger Hinweis
Dieses Buch ist für Lernzwecke gedacht. Es stellt keinen Ersatz für eine individuelle medizinische Beratung dar und sollte auch nicht als solcher benutzt werden. Wenn Sie medizinischen Rat einholen wollen, konsultieren Sie bitte einen qualifizierten Arzt. Der Verlag und die Autorin haften für keine nachteiligen Auswirkungen, die in einem direkten oder indirekten Zusammenhang mit den Informationen stehen, die in diesem Buch enthalten sind.

Originalausgabe
2. Auflage 2022

Nymphenburger Straße 86
D-80636 München
Tel.: 089 651285-0
Fax: 089 652096

Redaktion: Caroline Kazianka
Umschlaggestaltung: Sonja Vallant
Umschlagabbildungen: shutterstock: Anna Pustynnikova, Magrig, AS Foto studio, Larisa Blinova, Martin Turzak, Nata Bene, I.Friedrich, Nsit
Satz: inpunkt[w]o, Haiger (www.inpunktwo.de)
Druck: Firmengruppe APPL, aprinta Druck, Wemding
Printed in Germany

ISBN Print 978-3-7423-1550-2
ISBN E-Book (PDF) 978-3-7453-1228-7
ISBN E-Book (EPUB, Mobi) 978-3-7453-1229-4

Weitere Informationen zum Verlag finden Sie unter

www.rivaverlag.de

Beachten Sie auch unsere weiteren Verlage unter www.m-vg.de

INHALT

VORWORT

Als ich wieder einmal unseren »Notvorrat« zusammenstellte, weil mein Mann und ich einen längeren Segeltörn vorhatten, stellte ich zufällig fest, dass die meisten Lebensmittel auf meiner Liste auch in der Empfehlung des Bundesamtes für Bevölkerungsschutz und Katastrophenhilfe aufgeführt sind. Nun ist ein vergnügter Segeltörn natürlich nicht mit unvorhersehbaren Situationen wie einem längeren Stromausfall oder drohender Quarantäne wegen Viren zu vergleichen. Die Lage ist nur insofern ähnlich, als dass es da wie dort wichtig ist, für eventuelle Engpässe vorzusorgen. Wenn man nicht einkaufen gehen und einfach den Herd einschalten kann, könnte es eng werden mit den Resten und kleinen Vorräten, die gerade so zur Hand sind.

Natürlich knabbern wir unseren Vorrat auch mal im Alltag an und ersetzen ihn dann wieder – was schon deswegen sinnvoll ist, damit kein Mindesthaltbarkeitsdatum überschritten wird. Damit Sie aber – auch in einer tatsächlichen Notsituation – nicht tagelang Linsen-, Erbsen oder Kartoffeleintopf aus der Dose zu sich nehmen müssen, habe ich hier für Sie Rezepte aufgeschrieben, die sich bei unseren Segeltörns bewährt haben. Dazu finden Sie auch Vorschläge für eine Einkaufsliste mit Nahrungsmitteln zur Grundausstattung und zusätzlichen Gute-Laune-Zutaten, damit es etwas abwechslungsreicher wird.

Probieren Sie vorsorglich schon vor einem Notfall das ein oder andere Rezept aus und variieren es nach eigenen Vorlieben, dann sind Sie im Ernstfall gerüstet. Alle diese Gerichte bereite ich auf einem kleinen Gaskocher zu, manchmal kommt auch mein Schlafsack als »Kochsack« zum Einsatz. Wer einfach nur eine Konserve erhitzen will, kann das selbstverständlich tun. Wenn Sie aber den Gerichten noch ein gewisses Extra zufügen möchten, finden Sie in diesem Buch jede Menge Anregungen, Tipps und Tricks dazu.

Natürlich wünschen wir uns alle, dass nie ein Ernstfall eintritt – wenn doch, sollten nicht nur Segler darauf vorbereitet sein.

In diesem Sinne »Mast- und Schotbruch«!
Ihre Paula Keck

NOTFALLVORSORGE

Der Ratgeber für die Notfallvorsorge des Bundesamtes für Bevölkerungsschutz und Katastrophenhilfe ist eine Broschüre (auch als Download erhältlich), die u. a. Listen enthält, welche Lebensmittel für Notfälle bevorratet werden sollten. Dabei wird von schlimmen Katastrophen ausgegangen, wie sie in Deutschland schon vorgekommen sind: Hochwasser, Lawinen, Stromausfall oder Virus-Quarantäne – alles schon da gewesen. Wohl dem, der sich dann wenigstens für einige Tage um den Essensvorrat keine Sorgen machen muss. Die Empfehlung der Behörde umfasst Vorräte für zehn Tage, die immer vorhanden sein sollten, damit sie nicht erst beschafft werden müssen, wenn ein Notfall eingetreten und die Regale in den Supermärkten schon halb leer sind. Ergänzend hat auch das Bundesministerium für Ernährung und Landwirtschaft eine Empfehlung für Lebensmittel zur Notfallversorgung herausgegeben.

Im Folgenden finden Sie eine grobe Zusammenfassung der beiden Listen, was eine ganz gute Orientierung ermöglicht. Die empfohlenen Lebensmittel können Sie nach eigenen Vorstellungen und den Vorlieben Ihrer Familie variieren. Auch die Mengenangaben müssen Sie anpassen. Multiplizieren Sie die Zahlen mit der Anzahl Personen in Ihrem Haushalt und runden das Ganze dann auf – dann können Sie das Ergebnis auf die erhältlichen Packungsgrößen umrechnen.

NOTFALLVORSORGE PRO PERSON FÜR 10 TAGE	
3 ½ kg Trockenware: Getreide, Teigwaren, Reis, Kartoffeln	Beispielsweise: 714 g Kartoffeln, 714 g abgepacktes Brot, 286 g Zwieback, 714 g Knäckebrot, 179 g Reis, 357 g rohe Nudeln, 536 g Getreideflocken (Hafer, Roggen etc.)
4 kg Konserven (Abtropfgewicht)	Beispielsweise: je 286 g Rote Bete, saure Gurken, Mais, Pilze, Spargel, je 500 g Rotkohl und Sauerkraut sowie 571 g grüne Bohnen, 643 g Erbsen und Möhren, 714 g geschälte Kartoffeln
2 ½ kg Obst/Obstkonserven (Abtropfgewicht), Nüsse und Trockenfrüchte	Beispielsweise: je 250 g Mandarinen und Ananas, 179 g Aprikosen, 500 g Kirschen oder Schattenmorellen, je 143 g Rosinen und Haselnusskerne, 179 g Trockenpflaumen, und 714 g frisches Obst
2 ½ kg Milch und Milchprodukte	Beispielsweise: 2 l haltbare Milch (3,5 % Fett), 500 g Hartkäse (Parmesan)
1 ½ kg Fisch, Fleisch, Eier	Beispielsweise: 379 g Eier (8 Stück, Größe M), je 214 g Würstchen und Leberwurst in Dosen, 179 g Frühstücksfleisch oder Corned Beef in der Dose, je 71 g Heringsfilet und Ölsardinen und 107 g Thunfisch in Dosen
357 g Fette	Beispielsweise: 179 g Streichfett (Butter oder Margarine), 214 ml Öl (Oliven- oder Rapsöl)
20 l Wasser	Zum Trinken sind 1 ½ l (inkl. Tee- und Kaffeezubereitung) täglich pro Person berechnet. 500 ml werden zum Kochen kalkuliert
Frisches Gemüse und Obst – nur lagerfähige Sorten, die Sie an einem trockenen, dunklen Ort aufbewahren können	Beispielsweise: Kartoffeln, Zwiebeln, Knoblauch, Äpfel, Birnen, Orangen
Nach Belieben	Zucker oder Süßstoff, Salz, Gewürze, süße Brotaufstriche, Fertiggerichte, Tütensuppen, Mehl, Suppenpulver, Kakaopulver, Kekse, Schokolade

Die Auswahl der Lebensmittel

Am wichtigsten dabei ist bestimmt der Vorrat an Wasser (für unsere Segeltörns bunkern wir immer 2 Liter pro Person und geplanten Tagen), denn ohne Nahrung überlebt man etwa drei Wochen, ohne Flüssigkeit hingegen wird es nach vier Tagen schon eng.

Sollten Sie wirklich in eine Notsituation kommen, in der plötzlich kein Leitungswasser mehr verfügbar ist, werden Sie über zwei Kästen Wasser im Keller froh sein. Bei den Rezepten, die ich für Sie ausgewählt habe, bin ich deshalb auch sparsam mit Wasser umgegangen und habe zum Beispiel auf das Abbrausen von Hülsenfrüchten und Getreide vor dem Kochen – wie man das normalerweise macht – verzichtet.

Ich bin zudem davon ausgegangen, dass Sie vielleicht keinen Strom haben. Das heißt, dass nicht nur der Herd mit Backofen stillgelegt ist, sondern auch jede Möglichkeit zur Kühlung wegfällt und Sie tatsächlich auf Konserven und trockene Vorräte wie Linsen, Reis oder Getreide angewiesen sind. Dass man aus diesen Zutaten passable Mahlzeiten herstellen kann, werden Sie beim Nachkochen erleben. Ich rate Ihnen, meine Rezepte einfach mal ohne Notfall auszuprobieren. Sie müssen Dosen und Gläser aus Ihrem Vorrat je nach Mindesthaltbarkeitsdatum ohnehin ab und zu verbrauchen und ersetzen. Dabei sollten Sie Neugekauftes dann ganz nach hinten in den Vorratsschrank stellen. So bleibt immer alles auf dem neuesten Stand! Und Sie merken schnell, was Ihnen am besten schmeckt und worauf Sie vielleicht lieber verzichten – diese Konservensorten können Sie dann aussortieren und durch andere ersetzen.

Auch wenn wir uns unterwegs mit dem Boot viel aus Konservendosen ernähren, ist mir schon bewusst, dass das weder das Schmackhafteste noch das Gesündeste ist. Manchmal geht es aber eben nicht anders. Und wenn nichts anderes verfügbar ist, funktioniert es zur Not. Wir nützen in Häfen jede Gelegenheit, frisches Gemüse und Obst zu besorgen – daher habe ich für dieses Notfall-Buch so oft wie möglich einen »Frischetipp« eingebaut, wie viel Gemüse Sie für das Rezept brauchen und wie es verarbeitet wird.

Kochen mit dem Campingkocher

Glücklich, wer bei einem längeren Stromausfall über einen Gasherd verfügt oder im Garten einen Gas- oder Holzkohlegrill stehen hat. Damit lassen sich viele Gerichte prima zubereiten. Elektroherd-Besitzer müssen dann auf kalte Küche oder einen Campingkocher ausweichen.

Das heißt, dass dann alle Gerichte auf einem kleinen Campingkocher mit Gaskartusche gekocht werden. Zugegeben, das erfordert etwas Geschick und Übung – in der Not jedoch lernt man das schnell.

Die Outdoor-Ausrüster bieten verschiedene Kochmöglichkeiten für Camper (und damit auch Bootsleute) an. Es gibt Solarkocher, Benzinkocher, Dutch-Oven (eher etwas für Lagerfeuer-Romantik), den Esbit-Kocher (nicht ungefährlich!), größere Campingkocher (fast wie ein einflammiger Gasherd) mit Gaspatronen und eben auch den klassischen Campingkocher mit Kartusche, wie ich ihn verwende. Allen gemeinsam ist der Warnhinweis, die Geräte nur draußen zu verwenden und sie nie unbeaufsichtigt zu lassen. Schließlich handelt es sich um eine offene Flamme, die Dinger können leicht kippen und in Innenräumen außerdem eine Kohlenmonoxid-Vergiftung verursachen.

Kartuschen für Ihren Campingkocher müssen unbedingt auch mit in den Vorrat. Mit einer Kartusche können Sie etwa zwei Stunden lang kochen – das ist nicht allzu viel, wenn Sie schon sechs Minuten brauchen, um 1 Liter Wasser zum Kochen zu bringen.

Deshalb beschreibe ich Ihnen jetzt mein Lieblings-»Kochgerät«, mit dem Sie sehr viel Kochzeit auf dem Gaskocher und damit Gas sparen können.

Kochen mit der Bettdecke

Gerichte, die zum Beispiel Kochzeiten von 20 oder 30 Minuten hätten, packe ich nach dem »Ankochen« im zugedeckten Kochtopf fest in eine Bettdecke oder den Schlafsack. Das Ganze muss wirklich rundherum fest zu sein wie ein Päckchen. Dazu stelle ich den Topf mit einem Untersetzer auf das untere Drittel der Decke, schlage das Fußende darüber, dann die Seitenteile (wie bei einem Strudel) und anschließend noch das Kopfende obendrüber. In diesem Päckchen kann dann das Essen in 30 bis 60 Minuten fertig garen. Der Vorteil: Auch wenn Sie den Topf vergessen, weil Sie anderweitig beschäftigt sind, brennt nichts an und es wird auch nichts klebrig (zum Beispiel Reis). Bei meinen Rezepten habe ich für Sie die Zeiten angeführt, wie lange das Gericht auf einer Feuerstelle kocht und wie lange es mindestens unter der Decke braucht. Das Kochen von Teigwaren, Reis oder Getreide auf diese Art hat außerdem den Vorteil, dass Sie sich in der Zwischenzeit schon um die Sauce kümmern können – Sie haben ja nur eine Kochstelle!

Wenn Sie sich mit dieser Kochmethode, die schon meine Oma kannte (Kochkiste!), anfreunden können: Es gibt im Internet sogenannte Kochsäcke oder Wonderbags. Das sind dick gefütterte Stoffbeutel in verschiedenen Größen. In diese stellen Sie den Kochtopf, geben den ebenfalls gefütterten Deckel darauf und binden das Ganze mit einer Kordel zu. Funktioniert ganz toll, und Sie sparen eine Menge Strom oder Gas dabei.

MEINE ZUTATENLISTE

In der folgenden Liste habe ich alle Hauptzutaten aufgeschrieben, die Sie für die 50 Gerichte in diesem Buch brauchen. Also 50 Hauptgerichte für zwei Personen. Das reicht für mehr als drei Wochen! Oder – wenn Sie wollen – auch für Besuch. Das ein oder andere werden Sie bestimmt nach persönlichen Vorlieben austauschen. Meine Rezepte sind ja lediglich als Anregung gemeint und sollen zeigen, dass man mit einem Notfall-Vorrat auf jeden Fall lecker kochen kann. Auch ist hier im Übrigen kein Schmalhans am Werk: Die Portionen sind reichlich bemessen. Wenn Sie nicht gleich alles aufessen, haben Sie mit etwas Brot, Reis oder Nudeln vielleicht noch eine zweite Mahlzeit.

Natürlich kommen Sie nicht mit nur einer Mahlzeit täglich aus. In Ihrem Notvorrat – wie von der Behörde empfohlen – haben Sie ja auch Kartoffeln, Kekse oder Knäckebrot. Sie werden sicherlich noch andere als die von mir verwendeten Konserven kaufen, die schon fertige Mahlzeiten darstellen, zum Beispiel Kartoffelsuppe oder Linsentopf mit Speck – diese werden nur erhitzt, Sie können sie aber mit etwas Sahne oder Gewürzen nach Ihrem Geschmack verbessern. Ich führe hier absichtlich nur Rezepte an, die aus dem Notvorrat gekocht werden, das heißt aus Trockenvorräten, Konserven und Gläsern. Falls es mal wirklich keine Möglichkeit für einen Einkauf gibt. Ist diese aber gegeben, sollten Sie möglichst die Gemüsekonserven gegen frisches Gemüse tauschen.

Sofern Sie Strom zur Kühlung haben, können Sie problemlos von fast allen Rezepten die doppelte Menge machen und im Kühlschrank aufbewahren oder in das Gefrierfach geben.

Ich habe hier eine Liste zusammengestellt, welche Lebensmittel ich für die Rezepte verwendet habe. Keineswegs sollen Sie diese jetzt gleich alle kaufen. Wahrscheinlich haben Sie ohnehin vieles davon schon in Ihrem Haushalt vorrätig.

Wenn Sie sich mal mit den Rezepten in diesem Buch vertraut gemacht haben und für – sagen wir – 20 Rezepte die Vorräte im Haus haben wollen, könnten Sie die Liste fotokopieren und die Mengen der entsprechenden Lebensmittel darauf notieren.

IM BUCH VERWENDETE LEBENSMITTEL

Konserven Gemüse

Artischockenherzen, Dose oder Glas	240 g Abtropfgewicht
Bambussprossen, Dose oder Glas	140 g Abtropfgewicht
Blumenkohl, Glas, eingelegt	380 g Abtropfgewicht
Brechbohnen, Dose oder Glas	225 g Abtropfgewicht
Chamapignons, Dose oder Glas	230 g Abtropfgewicht
Erbsen mit Möhren, Dose oder Glas	215 g Abtropfgewicht
Erbsen, Dose, klein	140 g Abtropfgewicht
Erbsen, Dose, mittel	280 g Abtropfgewicht
Goldmais Texas Mix, Dose	265 g Abtropfgewicht
Goldmais, Dose, klein	185 g Abtropfgewicht
Kürbis, Dose oder Glas	265 g Abtropfgewicht
Möhren, Dose, mittel	265 g Abtropfgewicht
Möhren, Dose, klein	110 g Abtropfgewicht
Paprika gegrillt, eingelegt	190 g Abtropfgewicht
Rosenkohl, Glas	395 g Abtropfgewicht
Rote Bete, Dose	265 g Abtropfgewicht
Sauerkraut, Dose	400 g Einwaage
Senfgurken, Glas	215 g Abtropfgewicht
Spargelköpfe, Glas	110 g Abtropfgewicht
Süßkartoffel, Dose	265 g Abtropfgewicht
Tomaten, gehackt, Dose	400 ml Einwaage
Tomaten, passiert, Dose oder Tetrapack	400 ml Einwaage

Konserven Hülsenfrüchte

Kichererbsen, Dose	400 g Einwaage
Kidneybohnen, Dose, klein	125 g Abtropfgewicht
Kidneybohnen, Dose, mittel	255 g Abtropfgewicht
Mais Texas Mix, Dose	265 g Abtropfgewicht
Mais, Dose, klein	140 g Abtropfgewicht
Mais, Dose, mittel	280 g Abtropfgewicht
Mais, Kölbchen	200 g Einwaage
Riesenbohnen, Dose	400 g Einwaage

Hülsenfrüchte roh

Linsen, Berg	Päckchen 500 g
Linsen, gelb	Päckchen 500 g

Teigwaren

Große Teigwaren	Paket 500 g
Kleine Teigwaren	Paket 500 g
Ramen- oder Mie-Nudeln	Päckchen ca. 100 g
Spätzle	Paket 500 g
Tortellini	Päckchen 250 g

IM BUCH VERWENDETE LEBENSMITTEL

Konserven Obst	
Obstkonserven nach Wahl	ca. 300 g Einwaage
Schattenmorellen, Glas	175 g Abtropfgewicht

Konserven Fleisch, Wurst, Fisch	
Gulasch, Dose	400 Einwaage
Hackbraten, Dose	400 Einwaage
Paprikagulasch, Dose	400 Einwaage
Ragout fin, Dose	400 Einwaage
Thunfisch, Dose, naturell	120 Abtropfgewicht
Würstchen im Glas	4 Stück
Würstchen Cocktail, Glas	380 g Einwaage

Sonstiges
Biskuit-Tortenboden
Brühepulver
Chilisauce, süß
Erdnussbutter
Essig, weiß und Balsamessig
Gries
Honig
Kakaopulver
Kapern, eingelegt
Knoblauch
Kokosmilch, Dose
Maronen
Milch, haltbar
Miracle Whip
Oliven, schwarz

Sonstiges
Olivenöl
Paprikapulver
Parmesan
Pilze, getrocknet
Puddingpulver
Ras-al-Hanout (Gewürz)
Röstzwiebeln
Sahne, haltbar
Senf
Sirup zum Süßen
Sojasauce
Sultaninen, Rosinen
Tomaten, getrocknet
Tomatenmark
Trockenobst
Vanillezucker oder -schote
Walnusskerne und Nüsse
Zucker oder Sirup zum Süßen

Gewürze
Cayenepfeffer
Chiliflocken
Currypulver
Garam Masala
Kardamom
Koriander
Kreuzkümmel
Kümmel ▶

IM BUCH VERWENDETE LEBENSMITTEL

Gewürze
Majoran
Oregano
Petersiliie
Ras el-Hanout
Rosmarin
Thymian
Zimt

Getreide	
Couscous	Päckchen 500 g
Hirse	Päckchen 500 g
Quinoa	Päckchen 500 g
Buchweizen	Päckchen 500 g
Bulgur	Päckchen 500 g
Reis, Risotto bzw. Rundkorn	Päckchen 500 g
Reis, Langkorn	Päckchen 500 g
Reis, Naturreis	Päckchen 500 g

Obst frisch
Zitronen
Äpfel

Gemüse frisch
Knoblauch
Zwiebeln

Nur gekühlt auf Vorrat
Butter
Mettenden
Gnocchi
Schmelzkäse
Schafs- oder Ziegenfeta

Zusätzliche Empfehlungen

- Zwei oder drei Töpfchen frische Kräuter haben auch an Bord Platz (bei Hardcore-Seglern natürlich nicht) und erst recht in jeder Küche. Ob Petersilie, Schnittlauch oder Basilikum – damit sieht jedes Gericht gleich ein wenig frischer aus.

- Selbstverständlich sollte Ihr Vorrat alles beinhalten, was Sie an Basics in Ihrer Küche verwenden: Essig, Öl, Gewürze, Brühepulver, Senf, Tomatenmark, Zucker, Honig oder Sirup zum Süßen, Naschereien – schreiben Sie sich eine Liste, was Sie die Woche über so brauchen. Das gehört dann auch mit in den Notvorrat.

- In den Rezepten kommen einige Lebensmittel vor, die ohne Kühlung nicht oder nur kurz bevorratet werden können. Dazu gehören Butter, Gnocchi, Schafskäse oder geräucherte Wurstwaren (zum Beispiel Mettenden).

- Vorschläge zu Gewürzen sind in die Liste aufgenommen. Sie müssen aber nicht sofort alle kaufen. Es sind nur Vorschläge! Außerdem werden Sie das meiste davon ohnehin in Ihrem Haushalt haben.

- Auch seltene Zutaten sollten Sie nur kaufen, wenn Sie die Rezepte tatsächlich kochen wollen. Zum Beispiel Chilisauce, Vanilleschoten oder Bambussprossen.

- Die in diesem Buch genannten Konserven und Lebensmittel bekommen Sie in jedem Supermarkt. Vielleicht werden Gourmets ein bisschen die Nase rümpfen. Wenn Sie solche Ansprüche haben, können Sie sich natürlich auch ein paar Edel-Konserven ins Lager legen. Bei uns in der Nähe zum Beispiel ist ein Forstladen, der ein hervorragendes Wildgulasch in der Dose anbietet. In der Eifel kenne ich ein französisches Restaurant, das einige seiner Kreationen eindost und in Läden der nahen Großstadt verkauft. Es ist Ihnen selbstverständlich unbenommen, sich mit Confit de Canard, Foie gras oder – stilecht für Segler – Labskaus einzudecken. Sie erhalten diese Dinge in reicher Aus-

wahl in Delikatessengeschäften oder in den Lebensmittelabteilungen großer Kaufhäuser. Auch hier gilt: Mindesthaltbarkeitsdatum beachten und gegebenenfalls vor Ablauf bei einem Candlelight-Dinner zu Hause aufbrauchen.

- Ich brate als Basis bei Eintöpfen gerne zuerst Zwiebel und/oder Knoblauch in etwas Öl an. Wenn Ihnen das zu umständlich ist, können Sie auch einfach fertige Röstzwiebeln verwenden. Auf das Öl sollten Sie jedoch nicht verzichten – es ist ein guter Geschmacksträger und soll ja auch gesund sein.
- Quinoa, Buchweizen oder Bulgur ist Ihnen fremd? Lernen Sie es kennen! Die Getreide und Pseudogetreide sind nahrhaft, bieten Abwechslung und sind genauso leicht zuzubereiten wie der gewohnte Reis oder Teigwaren.

KLEINER KOCHKURS

Auf der Liste des Bundesamtes finden Sie unter anderem Getreide, Reis und Hülsenfrüchte. Viele Menschen, die eher zum Handy greifen, wenn sie hungrig sind, oder Schachteln mit Convenience-Food heim zur Mikrowelle tragen, werden damit nicht so viel anzufangen wissen. Deshalb hier eine kleine Anleitung, welches Getreide Sie verwenden können und wie man dieses sowie Linsen und Reis weich kriegt. Bohnen und Kichererbsen kommen immer aus der Dose. An Bord und in der Notküche wäre der Vorgang mit Einweichen und über eine Stunde kochen zu aufwendig. Das lohnt nur, wenn Sie größere Mengen vorkochen – nur wo bewahrt man die dann auf?

Grundrezept Buchweizen

FÜR 2 PORTIONEN

150 g Buchweizen (im Ganzen)
300 ml Wasser oder Brühe
1 Prise Salz

Buchweizen mit Wasser oder Brühe in einen kleinen Topf geben, offen aufkochen lassen, salzen (Wasser) und 5 Minuten offen köcheln. Dann Topf zugedeckt auf einen Untersetzer stellen, fest in eine Bettdecke oder den Schlafsack packen und Buchweizen 20–25 Minuten ziehen lassen, bis die Körner weich sind. Alternativ ca. 15 Minuten auf dem Herd bei niedriger Hitze weiterköcheln lassen.

TIPP:

Für ein stärkeres Aroma eventuell zuvor 1 EL Öl im Topf erhitzen und Buchweizen unter Rühren 30 Sekunden darin anrösten.

Grundrezept Bulgur und Couscous

FÜR 2 PORTIONEN

300 ml Brühe
150 g Bulgur oder Couscous

1. Brühe in einem Topf zum Kochen bringen und Bulgur oder Couscous unter Rühren hineingeben. 2 (Couscous) oder 3 Minuten (Bulgur) offen leicht köcheln lassen.

2. Dann Topf zugedeckt auf einen Untersetzer stellen, in eine Decke oder einen Schlafsack packen und Bulgur oder Couscous 20 Minuten (oder länger – es kann ja nichts anbrennen) quellen lassen. Vor dem Servieren mit einer Gabel auflockern und etwas ausdampfen lassen. (Alternativ Bulgur oder Couscous nach Packungsanleitung zubereiten: Instant-Varianten müssen nur mit kochender Brühe oder Wasser übergossen werden, andere haben Kochzeiten von etwa 15 Minuten.)

Grundrezept Hirse

FÜR 2 PORTIONEN

150 g Goldhirse
375 ml Wasser oder Brühe
1 Prise Salz

1. Hirse in einen kleinen Topf geben, Wasser oder Brühe dazugießen, salzen und aufkochen lassen.

2. Bei geringer Hitze 5 Minuten offen köcheln lassen, dann Topf zugedeckt auf einen Untersetzer stellen, in eine Bettdecke oder den Schlafsack packen und Hirse 20–25 Minuten quellen lassen. (Alternativ 8 Minuten bei geringer Hitze köcheln, von der Kochstelle nehmen und zugedeckt 10 Minuten quellen lassen.)

Grundrezept Linsen (Teller- und Berglinsen)

FÜR 2 PORTIONEN

200 g Linsen
500 ml Brühe

1. Linsen mit Brühe in einen mittelgroßen Topf geben, aufkochen und 10 Minuten offen köcheln lassen, dabei öfter umrühren.

2. Topf dann zugedeckt auf einen Untersetzer stellen, in eine Bettdecke oder den Schlafsack packen und Linsen 1 Stunde ziehen lassen. (Alternativ Linsen auf dem Herd 20–25 Minuten weiterkochen, bis sie weich sind. Immer wieder umrühren!)

INFO:

Rote oder gelbe Linsen kommen mit der doppelten Menge Wasser oder Brühe in den Topf und müssen nach dem Aufkochen nur 5–10 Minuten quellen, dann sind sie fertig.

Grundrezept Quinoa

FÜR 2 PORTIONEN

150 g Quinoa, egal welche Farbe
300 ml Wasser oder Brühe

1. Quinoa und Wasser oder Brühe in einen Topf geben und zugedeckt aufkochen lassen. Dann bei reduzierter Hitze 5 Minuten köcheln lassen.

2. Topf zugedeckt auf einen Untersetzer stellen, fest in den Schlafsack oder eine Bettdecke packen und Quinoa 50 Minuten ziehen lassen. (Alternativ Quinoa auf dem Herd 20–25 Minuten bei geringer Hitze zugedeckt weiterköcheln lassen.)

INFO:

Quinoa bekommen Sie in Rot, Weiß und Schwarz (auch mal bunt gemischt). Die perlweißen Körner sind eher mild, die roten nussig und kerniger, die schwarzen intensiv im Geschmack und recht bissfest. Sie passen immer gut in Salate, können als Suppeneinlage dienen und als Beilage zu Gemüse.

Grundrezept Reis

FÜR 2 PORTIONEN

1 EL Öl
150 g Reis, zum Beispiel Basmati oder auch Naturreis
300 ml Wasser oder Brühe (350 ml bei Naturreis)
Salz

1. Öl in einem Topf erhitzen, den Reis darin unter Rühren glasig dünsten. Mit Wasser oder Brühe aufgießen, aufkochen lassen und salzen.

2. Den Topf zugedeckt auf einen Untersetzer stellen und in eine Bettdecke oder den Schlafsack packen. Nach 1 Stunde ist der Reis gar. (Alternativ Reis auf dem Herd auf ganz kleiner Flamme ca. 20 Minuten zugedeckt quellen lassen, bis sich an der Oberfläche kleine Löcher zeigen. Mit einer Gabel auflockern und ausdampfen lassen.)

TIPP:

Es ist nicht schlimm, wenn Sie den Reis noch länger in seinem »Bett« lassen. Er wird nicht klebrig, da er ja schon alle Flüssigkeit aufgesogen hat. Nur wenn Sie den Reis zusammen mit Gemüse auf diese Art garen, kann es passieren, dass das Gemüse zu weich wird.

Grundrezept größere Teigwaren

FÜR 2 PORTIONEN

1 l Wasser
Salz
1 EL Olivenöl
200 g Nudeln, zum Beispiel Spaghetti, Makkaroni oder breite Bandnudeln

1. Wasser, Salz und Olivenöl in einem größeren Topf zum Kochen bringen.

2. Die Nudeln hineingeben und 2 Minuten offen kochen. Dabei öfters umrühren, damit sich nichts am Boden festsetzt.

3. Den Topf zugedeckt auf einen Untersetzer stellen, in die Bettdecke oder einen Schlafsack packen und Nudeln 10 Minuten garen lassen. (Alternativ auf dem Herd nach Packungsanleitung 10 Minuten oder mehr weiterkochen.)

4. Nudeln durch ein Sieb abgießen und mit der vorbereiteten Sauce vermischen. Vor dem Abgießen eventuell 1 Tasse Kochwasser für die Sauce abnehmen.

Grundrezept kleine Teigwaren

FÜR 2 PORTIONEN

400 ml Wasser
1 TL Salz
1 EL Olivenöl
200 g Nudeln, zum Beispiel Farfalle, Penne oder Risoni

1. Wasser in einem mittelgroßen Topf mit Salz und Olivenöl zum Kochen bringen, Nudeln hineingeben und 2 Minuten kochen lassen. Dabei öfters umrühren, damit sich nichts am Boden festsetzen kann.

2. Topf zugedeckt auf einen Untersetzer stellen, in eine Bettdecke oder einen Schlafsack einpacken und Nudeln 10–12 Minuten al dente ziehen lassen. (Alternativ Nudeln auf dem Herd in reichlich Salzwasser je nach Sorte und Packungsanleitung 10–12 Minuten kochen.)

In der Tabelle sehen Sie auf einen Blick, welche Mengen Sie für 2 Portionen in den Topf geben müssen und wie lange das Kochgut mit der Methode »Bettdecke« bzw. auf dem Herd braucht.

KOCHZEITEN

	Für 2 Portionen	Wasser/ Brühe	Kochen	Kochsack/ Bettdecke	Herd
Buchweizen	150 g	300 ml	5 Min.	20–25 Min.	ca. 15 Min.
Bulgur	150 g	300 ml	3 Min.	20 Min.	ca. 15 Min.
Couscous	150 g	300 ml	2 Min.	20 Min.	ca. 10 Min.
Hirse	150 g	350 ml	5 Min.	20–25 Min.	12 Min.
Linsen, Berg-, Tellerlinsen	200 g	500 ml	10 Min.	1 Std.	20–25 Min.
Quinoa	150 g	300 ml	5 Min.	50 Min.	20–25 Min.
Reis	150 g	300 ml	0 Min.	1 Std.	ca. 20 Min.
Reis (Natur)	150 g	350 ml	0 Min.	1 Std.	ca. 20 Min.
Teigwaren, groß	200 g	1 l	2 Min.	10 Min.	nach Packungsanleitung
Teigwaren, klein	200 g	400 ml	2 Min.	10–12 Min.	nach Packungsanleitung

REZEPTE

REIS

Reisgerichte sind für Notzeiten ideal, sie sind zum einen unkompliziert in der Zubereitung, zum anderen liefern sie viel Energie und können, wenn Sie die doppelte Menge auf Vorrat kochen, auch kalt gegessen werden. Gekochter Reis hält sich allerdings ungekühlt nicht lang – maximal 1 Tag im Sommer.

Risotto mit Süßkartoffel

FÜR 2 PORTIONEN

1 EL Olivenöl
150 g Reis (zum Beispiel Arborio oder zur Not Rundkornreis)
300 ml Wasser oder Brühe
Salz
30 g Parmesan
2 EL Butter oder Olivenöl
Pfeffer
1 Dose Süßkartoffeln (265 g Abtropfgewicht)

1. Öl in einem Topf erhitzen, den Reis dazugeben und unter Rühren in 30 Sekunden glasig dünsten. Mit Wasser oder Brühe aufgießen, aufkochen lassen und salzen.

2. Den Topf zugedeckt auf einen Untersetzer stellen, 1 Stunde in eine Bettdecke oder den Schlafsack packen. (Auf dem Herd: Reis bei geringer Hitze ca. 20 Minuten zugedeckt quellen lassen, bis sich an der Oberfläche kleine Löcher zeigen. Mit einer Gabel auflockern und ausdampfen lassen.)

3. In der Zwischenzeit den Parmesan fein reiben.

4. Parmesan und Butter kräftig in den Reis rühren, sodass beides schmelzen und sich verteilen kann – das gibt dem Risotto eine cremige Konsistenz. Mit Salz und Pfeffer abschmecken.

5. Süßkartoffeln abgießen, unterheben und im zugedeckten Topf warm werden lassen.

FRISCHETIPP:

1 große Süßkartoffel (300–400 g) schälen und in 1 cm große Würfel schneiden. Würfel in einem Topf mit Salzwasser in 6–7 Minuten weich kochen. Dann unter den fertigen Reis heben

TIPP:

Wenn Sie in Ihrem geheimen Koch-Zauberschrank ein Döschen Safran hätten, gäben einige Fäden davon Ihrem Risotto den typischen Geschmack und die gelbliche Färbung.

Gebratener Reis mit Bohnen und Gemüse

FÜR 2 PORTIONEN

1 kleine Zwiebel
3 EL Olivenöl
120 g Langkornreis
250 ml Brühe
1 kleine Dose Kidneybohnen (125 g Abtropfgewicht)
1–2 kleine Dosen Gemüse (zum Beispiel Möhren, grüne Bohnen, Paprikastreifen oder Süßkartoffeln)
1 Schuss weißer Essig
Salz, Pfeffer

1. Die Zwiebel abziehen und klein hacken. 1 EL Öl in einem kleinen Topf erhitzen und Zwiebel darin goldgelb braten. Reis einrühren und unter Rühren glasig dünsten.

2. Mit Brühe aufgießen, aufkochen und 2 Minuten kochen lassen. Topf zugedeckt auf einen Untersetzer stellen, in die Bettdecke oder einen Schlafsack packen und 1 Stunde quellen lassen.

3. Bohnen und Gemüse abgießen und unterrühren. Das restliche Öl in einer Pfanne erhitzen und den Gemüsereis unter Rühren leicht anbraten. Mit Essig ablöschen und mit Salz und Pfeffer abschmecken.

TIPP:

Zur Abwechslung können Sie zusätzlich auch mal mit 2–3 EL Sojasauce würzen.

Reis mit Erbsenstampf

FÜR 2 PORTIONEN

1 kleine Zwiebel
1 EL Olivenöl
150 g Risottoreis (zum Beispiel Arborio oder zur Not Rundkornreis)
300 ml Brühe
30 g Parmesan
1 Dose junge Erbsen (280 g Abtropfgewicht)
2 EL Olivenöl
Salz, Pfeffer

1. Zwiebel abziehen und klein würfeln. Öl in einem kleinen Topf erhitzen und Zwiebel darin goldgelb braten. Reis dazugeben und unter Rühren glasig dünsten. Mit Brühe aufgießen und aufkochen lassen.

2. Den Topf zugedeckt auf einen Untersetzer stellen und 1 Stunde in eine Bettdecke oder einen Schlafsack packen. (Reis auf dem Herd bei niedriger Hitze etwa 20 Minuten zugedeckt ziehen lassen, bis sich an der Oberfläche kleine Löcher zeigen. Dann vom Herd nehmen, mit einer Gabel auflockern und ausdampfen lassen.)

3. In der Zwischenzeit den Parmesan fein reiben. Die Erbsen abgießen und auf einem flachen Teller mit einer Gabel zerdrücken.

4. Olivenöl in einer Pfanne mild erhitzen und Erbsen und Parmesan darin behutsam erwärmen.

5. Reis mit Salz und Pfeffer würzen und den Erbsenstampf unterheben.

FRISCHETIPP:

Marktfrische Erbsen gibt es nur im Frühjahr. Ansonsten könnten Sie die Dosenerbsen durch tiefgekühlte ersetzen, denn die haben mehr Aroma.

Risotto mit getrockneten Pilzen

FÜR 2 PORTIONEN

20 g getrocknete Pilze (Steinpilze, Pfifferlinge oder eine Pilz-Mischung)
100 ml Wasser
1 kleine Zwiebel
400 ml Brühe
2 EL Olivenöl
200 g Risottoreis (zum Beispiel Arborio, Rundkornreis geht aber zur Not auch)
Salz, Pfeffer
2 EL Butter oder Olivenöl
30 g geriebener Parmesan

1. Die Pilze in einer Schüssel mit dem Wasser 1 Stunde einweichen. Durch ein Sieb abgießen, das Einweichwasser dabei unbedingt auffangen und aufbewahren. Pilze in Streifen schneiden.

2. Die Zwiebel abziehen und klein hacken. Die Brühe in einem kleinen Topf erhitzen und beiseite stellen.

3. In einem anderen Topf das Olivenöl erhitzen und die Zwiebel darin andünsten. Den Reis dazugeben und unter Rühren glasig dünsten. Mit der heißen Brühe aufgießen und aufkochen lassen.

4. Restliche Brühe, Pilze und Einweichwasser dazugeben, aufkochen und 2 Minuten köcheln lassen. Topf zugedeckt auf einen Untersetzer stellen, in die Bettdecke oder den Schlafsack packen und Reis 1 Stunde garen lassen. (Alternativ Reis auf dem Herd 20 Minuten bei geringer Hitze quellen lassen.)

5. Risotto mit Salz und Pfeffer abschmecken und Butter und geriebenen Parmesan einrühren.

Naturreis mit Linsen und gerösteten Zwiebeln

FÜR 2 PORTIONEN

150 g Naturreis (oder anderen Reis, den Sie im Vorrat haben)
50 g Linsen (Teller- oder Berglinsen)
400 ml Brühe
Salz, Pfeffer
2 EL Olivenöl
40 g Röstzwiebeln (Fertigprodukt)

1. Reis und Linsen in einen kleinen Topf geben. Die Brühe dazugießen, das Ganze aufkochen und 2 Minuten kochen lassen.

2. Topf zugedeckt auf einen Untersetzer stellen, fest in die Bettdecke oder den Schlafsack packen und Reis 1 Stunde garen. Anschließend mit Salz und Pfeffer würzen.

3. Kurz vor Ende der Garzeit Öl in einer Pfanne erhitzen, die Röstzwiebeln darin erwärmen und auf dem Linsenreis verteilen.

TIPP:

Röstzwiebeln können Sie auch einfach selbst machen. Dafür 1 oder 2 Zwiebeln schälen und in sehr feine Ringe schneiden. Reichlich Öl in eine Pfanne geben und die Zwiebelringe darin glasig dünsten (dürfen nicht braun werden!). Mit 2 EL Mehl bestäuben und unter geduldigem Rühren etwa 10 Minuten braten.

Curryreis mit Artischockenherzen

FÜR 2 PORTIONEN

1 kleine Zwiebel
1 EL Olivenöl
150 g Risottoreis (zum Beispiel Arborio oder zur Not Rundkornreis)
300 ml Brühe
1 EL Currypulver
Salz, Pfeffer
1 Dose Artischockenherzen (240 g Abtropfgewicht)

1. Zwiebel abziehen und klein würfeln. Öl in einem kleinen Topf erhitzen und Zwiebel darin goldgelb braten. Den Reis dazugeben und unter Rühren glasig dünsten. Mit Brühe aufgießen, Curry dazugeben und alles aufkochen lassen.

2. Den Topf zugedeckt auf einen Untersetzer stellen und 1 Stunde in eine Bettdecke oder einen Schlafsack packen. (Reis auf dem Herd bei geringer Hitze etwa 20 Minuten zugedeckt ziehen lassen, bis sich an der Oberfläche kleine Löcher zeigen. Dann vom Herd nehmen, mit einer Gabel auflockern und ausdampfen lassen.)

3. Reis mit Salz und Pfeffer würzen. Die Artischockenherzen abgießen und auf dem Curryreis verteilen.

TEIGWAREN

Teigwaren, ob klein (Hörnchen, Orzo oder Farfalle) oder groß (Spaghetti, Bandnudeln) schmecken auch Klein oder Groß. Sie sind kinderleicht zubereitet und können – wenn mal keine Zeit für eine leckere Sauce ist – mit Knoblauch und Öl oder mit einem Päckchen passierter Tomaten ganz schlicht zubereitet werden.

Hörnchennudeln mit Süßkartoffel

FÜR 2 PORTIONEN

400 ml Wasser
½ TL Salz
2 EL Olivenöl
200 g Hörnchennudeln
1 Zwiebel
1 Dose Süßkartoffeln oder Kürbis (265 g Abtropfgewicht)
Pfeffer
Thymian oder Petersilie, wenn vorhanden

1. Wasser mit Salz und 1 EL Olivenöl in einem Topf zum Kochen bringen. Hörnchen hineingeben und offen 2 Minuten unter mehrmaligem Umrühren kochen lassen. Anschließend Topf zugedeckt auf einen Untersetzer stellen, in eine Bettdecke oder den Schlafsack packen und Nudeln 10–12 Minuten garen lassen. (Alternativ Nudeln auf dem Herd in einem Topf mit reichlich Salzwasser nach Packungsanleitung kochen und abgießen.)

2. Die Zwiebel abziehen und fein hacken. Die Süßkartoffeln abgießen und – wenn erforderlich – würfeln.

3. Restliches Öl in einer Pfanne erhitzen und die Zwiebel darin goldgelb braten. Süßkartoffeln dazugeben und unter Rühren leicht braten. Die Nudeln einrühren und mit Salz und Pfeffer abschmecken. Mit Thymian oder Petersilie bestreuen.

FRISCHETIPP:

Ein kleiner Hokkaido-Kürbis hält sich im Herbst oder Winter an einem kühlen Ort recht lang. Er kann mit Schale zubereitet werden. Sie brauchen für dieses Rezept etwa 300 g davon. Kürbis waschen, entkernen und in Würfel schneiden, mit den Zwiebeln anbraten und mit 100 ml Wasser aufgießen. Auf kleiner Flamme im Wasserdampf etwa 10 Minuten garen – oder einfach zu den Hörnchen in den Topf unter die Bettdecke geben.

TIPP:

Für eine deftig-aromatische Mahlzeit passt gut ein Stück Pancetta oder Schinkenspeck (ca. 75 g) dazu. Klein würfeln und zusammen mit den Zwiebeln im Olivenöl anbraten. Vakuumverpackt sind solche Speckprodukte gekühlt lange haltbar. Wenn Sie aber ohne Strom auskommen müssen, gibt's auch keinen Speck.

Farfalle mit Thunfisch und getrockneten Tomaten

FÜR 2 PORTIONEN

30 g eingelegte getrocknete Tomaten
400 ml Wasser
Salz
2 EL Olivenöl
200 g Farfalle (oder Penne, Hörnchen, Muscheln etc.)
1 kleine Zwiebel
1 Knoblauchzehe
1 EL Tomatenmark
1 Dose Thunfisch naturell (120 g Abtropfgewicht)
1–2 EL eingelegte Kapern
Pfeffer

1. Die getrockneten Tomaten abtropfen lassen und in Streifen schneiden. Wasser mit Salz und 1 EL Olivenöl in einem Topf zum Kochen bringen. Farfalle hineingeben und offen 2 Minuten unter mehrmaligem Umrühren kochen lassen, dann die Tomatenstreifen dazugeben.

2. Topf zugedeckt auf einen Untersetzer stellen, in eine Bettdecke oder einen Schlafsack packen und Nudeln in 10–12 Minuten al dente ziehen lassen. (Alternativ Nudeln auf dem Herd in einem Topf mit reichlich Salzwasser nach Packungsanleitung kochen und abgießen.)

3. Zwiebel und Knoblauch schälen und fein hacken. Das restliche Öl in einer Pfanne erhitzen und Zwiebel und Knoblauch darin goldgelb braten. Tomatenmark einrühren und kurz mitbraten.

4. Die Farfalle, den abgetropften Thunfisch und die Kapern unterrühren und in der Pfanne schwenken, damit alles heiß wird. Mit Salz und Pfeffer abschmecken.

TIPP:

Kochen Sie von den Farfalle gleich die doppelte Menge. Sie können sie am nächsten Tag für den Thunfisch-Farfalle-Salat mit Erbsen auf Seite 98 oder für ein anderes Rezept mit kleinen Teigwaren verwenden.

Orzo mit Tomaten und Wurst

FÜR 2 PORTIONEN

1 Zwiebel
1–2 Knoblauchzehen
1 EL Olivenöl
1 Dose oder Tetrapack passierte Tomaten (400 ml Einwaage)
150 g Orzo oder italienische Risoni
400 ml Gemüsebrühe
Salz, Pfeffer
Essig nach Belieben
200 g Mettenden (vakuumiert) oder Wiener Würstchen

1. Zwiebel und Knoblauchzehen abziehen und klein hacken. Öl in einem mittelgroßen Topf erhitzen und Zwiebel und Knoblauch darin goldgelb braten.

2. Tomaten, Orzo und Gemüsebrühe dazugeben, aufkochen und 3 Minuten nicht zu stark köcheln lassen. Anschließend den Topf auf einen Untersetzer stellen, in eine Bettdecke oder einen Schlafsack packen und Nudeln 1 Stunde garen lassen. (Alternativ Orzo auf dem Herd in einem Topf mit reichlich Salzwasser nach Packungsanleitung kochen, abgießen und in die Tomatensauce geben.)

3. Mit Salz und Pfeffer abschmecken. Nach Belieben 1 Schuss Essig hineingeben.

4. Die Mettenden in Scheiben schneiden und nach Belieben in einer Pfanne mit wenig Öl kross braten oder einfach in den Topf geben und dort erhitzen.

TIPP:

Wenn Sie gerne scharf essen, rühren Sie ½ TL Chiliflocken oder Peperoncini-Gewürz in die Brühe und kochen es mit. Als Gewürz geeignet sind auch Paprikapulver, getrockneter Majoran oder Rosmarin.

Spaghetti mit Bambussprossen und Erdnussbutter

FÜR 2 PORTIONEN

1 l Wasser
Salz
2 EL Öl
200 g Spaghetti
4 EL Erdnussbutter
1 Dose Möhren (265 g Abtropfgewicht)
1 Glas oder Dose Bambussprossen in Streifen (140 g Abtropfgewicht)
Pfeffer (wenn möglich Cayennepfeffer)
eventuell 2 EL süße Chilisauce
1 TL Sesamsaat nach Belieben

1. Wasser mit Salz und 1 EL Olivenöl in einem Topf zum Kochen bringen. Spaghetti hineingeben und unter Rühren 2 Minuten kochen. Anschließend Topf auf einen Untersetzer stellen, in die Bettdecke oder den Schlafsack packen und Nudeln 10–12 Minuten garen. (Alternativ Nudeln auf dem Herd in einem Topf mit reichlich Salzwasser nach Packungsanleitung al dente kochen.)

2. In einer Pfanne das restliche Öl mild erhitzen und die Erdnussbutter darin auflösen. Abgetropfte Möhren und Bambussprossen dazugeben.

3. Etwas vom Spaghetti-Kochwasser abnehmen und zur Sauce geben. Nudeln abgießen und mit der Sauce vermischen. Mit Salz und Pfeffer abschmecken und – wenn vorhanden – mit Chilisauce beträufeln und mit Sesamsaat bestreuen.

FRISCHETIPP:

Die Dosenmöhren können durch 2 frische Möhren ersetzt werden: einfach schälen, in feine, etwa 3 cm lange Streifen schneiden und mit den Spaghetti weich kochen.

Gnocchi in Käsesauce

FÜR 2 PORTIONEN

1 l Wasser
Salz
300 g Gnocchi aus dem Kühlregal oder 200 g Trockenprodukt
150 ml Sahne
100 g Schmelzkäse
Salz, Pfeffer
frisches Basilikum

1. Wasser und Salz in einem Topf zum Kochen bringen und Gnocchi darin nach Packungsanleitung kochen. (Das Trockenprodukt können Sie nach dem Aufkochen in 400 ml Wasser in einem gut zugedeckten Topf 10 Minuten unter der Bettdecke oder im Schlafsack garen.)

2. Sahne in einer Pfanne erhitzen und den Schmelzkäse darin unter Rühren auflösen. (Es gibt auch fertige Käsesaucen im Tetrapack, die Sie verwenden können.) Mit Salz und Pfeffer abschmecken. Wenn Sie frisches Basilikum haben: Eine kleine Handvoll Blätter in feine Streifen schneiden und zur Käsesauce geben.

3. Gnocchi durch ein Sieb abgießen und in der Käse-Sahne-Sauce schwenken.

VARIANTEN:

Ein wenig Schinken (100–200 g) macht sich gut in der Käse-Sahne-Sauce.

Wenn Sie noch frischen Käse übrig haben, diesen einfach klein schneiden (verschiedene Sorten können gemischt werden) und in der Sahne schmelzen.

Frische Gnocchi können Sie auch in der Pfanne mit Butter oder Olivenöl 2–3 Minuten anbraten.

Sie können die Gnocchi auch anders verwenden und zum Beispiel mit Gemüse oder Pilzen mischen.

Gnocchi eignen sich auch als Suppeneinlage.

INFO:

Frische Gnocchi, die aus gekochten Kartoffeln und Mehl zubereitet werden, schmecken natürlich am besten. Aber auch die Fertigprodukte aus dem Kühlregal sind nicht zu verachten, sie sind aber nur kurz und gekühlt haltbar (1–3 Wochen, je nach Hersteller). Die getrocknete Variante, die es ebenso aus Vollkornmehl oder in Bio-Qualität gibt, finden Sie im Supermarkt normalerweise bei den Nudeln.

Gnocchi in Tomatensauce

FÜR 2 PORTIONEN

1 kleine Zwiebel
1 EL Olivenöl
1 Dose gehackte Tomaten (400 g Einwaage)
50 ml Brühe oder Wasser
Salz, Pfeffer
Balsamessig (ersatzweise weißer Essig)
300–400 g Gnocchi aus dem Kühlregal oder 200–250 g Trockenprodukt

1. Die Zwiebel abziehen und klein hacken. Öl in einem mittelgroßen Topf erhitzen und die Zwiebeln darin goldgelb braten. Tomaten und Brühe dazugeben, zum Kochen bringen und auf kleiner Flamme 3 Minuten köcheln lassen.

2. Tomatensauce mit Salz, Pfeffer und Balsamessig abschmecken.

3. Die Gnocchi dazugeben und nach Packungsanleitung (meist 2–3 Minuten) in der Sauce erhitzen. Eventuell noch etwas Brühe nachgießen. (Trocken-Gnocchi zuvor in einem Topf mit Wasser nach Packungsanleitung weich kochen.)

VARIANTEN:

70 g gewürfelten Rohschinken (vakuumiert aus dem Kühlregal) gleich zusammen mit der Zwiebel andünsten.

50 g schwarze, entsteinte Oliven hacken und zu den gedünsteten Zwiebeln geben.

Gnocchi mit 40–50 g geriebenem Grana Padano oder Parmesan bestreuen.

Den Inhalt von 1 Päckchen Mozzarella klein schneiden und vor dem Servieren unterheben.

Spaghetti à la puttanesca

FÜR 2 PORTIONEN

1 l Wasser
Salz
2 EL Olivenöl
200 g Spaghetti
1–2 Knoblauchzehen
30 g schwarze, entsteinte Oliven
½–1 TL Chiliflocken
2 EL Tomatenmark
1 Dose gehackte Tomaten (400 g Einwaage)
1 EL eingelegte Kapern
1 TL getrockneter Majoran oder Oregano
Pfeffer

1. Wasser mit Salz und 1 EL Olivenöl in einem Topf zum Kochen bringen, Spaghetti hineingeben und 1 Minute offen kochen lassen. Umrühren und Topf zugedeckt auf einen Untersetzer stellen. In eine Bettdecke oder einen Schlafsack packen und Nudeln ca. 10 Minuten al dente ziehen lassen. (Alternativ Nudeln in einem Topf mit reichlich Salzwasser nach Packungsanleitung kochen und abgießen.)

2. In der Zwischenzeit die Knoblauchzehen schälen und in feine Scheiben schneiden. Die Oliven ebenfalls in Scheiben schneiden.

3. Restliches Öl in einer Pfanne erhitzen und Knoblauch und Chiliflocken darin anbraten. Tomatenmark dazugeben und kurz mitbraten.

4. Tomaten, Oliven, Kapern und Majoran einrühren und etwas einkochen lassen. Mit Salz und Pfeffer abschmecken.

5. Die Spaghetti abgießen und unter die Sauce mischen.

TIPP:

2–3 eingelegte Sardellenfilets gehören eigentlich auch in eine richtige Sauce puttanesca. Sie werden klein geschnitten und kommen mit dem Knoblauch in die Pfanne. Das kleinste Gläschen hat 50 g. Wenn Sie keine Kühlung haben, müssen Sie es schnell verbrauchen. Sardellen passen auch überall dort hinein, wo Thunfisch im Spiel ist. Sie schmecken aber auch pur auf Brot oder zu Pellkartoffeln.

Cremige Tortellinisuppe

FÜR 2 PORTIONEN

1 kleine Zwiebel
1 Knoblauchzehe
1 EL Olivenöl
1–2 EL Tomatenmark
300 ml Brühe
1 Päckchen Tortellini (250 g)
1 Ecke Schmelzkäse
1 Dose oder Tetrapack passierte Tomaten (400 ml Einwaage)
Salz, Pfeffer oder Cayennepfeffer
Parmesan zum Bestreuen

1. Zwiebel und Knoblauch schälen und klein hacken. Olivenöl in einem mittelgroßen Topf erhitzen und Zwiebel und Knoblauch darin goldgelb braten. Das Tomatenmark dazugeben und unter Rühren kurz mitbraten.

2. Mit Brühe aufgießen, zum Kochen bringen und die Tortellini hineingeben. 2 Minuten kochen lassen. Schmelzkäse und passierte Tomaten einrühren.

3. Zum Fertiggaren Topf auf einen Untersetzer stellen, in die Bettdecke oder den Schlafsack packen und Tortellini 30–40 Minuten ziehen lassen. (Alternativ Tortellini in einem Topf ca. 10 Minuten auf dem Herd bei niedriger Hitze garen.)

4. Mit Salz und Pfeffer pikant abschmecken und – wenn vorhanden – mit Parmesan bestreuen.

TIPP:

Sie können die Tortellini auch als Einlage in einer klaren Suppe mit viel Gemüse verwenden. Oder zur Abwechslung mit 1 Dose Brechbohnen (220 g Abtropfgewicht) als Salat servieren.

INFO:

Für Tortellini gilt wie für Gnocchi – frisch gemacht vom italienischen Feinkostladen oder aus dem Kühlregal sind sie am besten. Aber auch die Varianten aus dem Trockenbereich kann man zu einem leckeren Essen verarbeiten. Die meisten Päckchen haben 250 g – gerade richtig für 2 Portionen. Es gibt sie mit Käse-, Pilz-, Gemüse- oder Fleischfüllung.

Ramen-Nudeln mit Würstchen und Gemüse

FÜR 2 PORTIONEN

400 ml Wasser oder Brühe
2 Pakete Ramen- oder Mie-Nudeln à 100 g
1 Glas Würstchen (gerne Cocktail-Würstchen 250 g Abtropfgewicht)
1 kleine Dose Möhren (110 g Abtropfgewicht)
1 Glas Maiskölbchen (200 g Abtropfgewicht)

1. Wasser in einem mittelgroßen Topf zum Kochen bringen. Die Nudeln hineinlegen, unter das Wasser drücken und immer wieder rühren, damit sich die Nudeln entfalten können.

2. Würstchen abtropfen lassen und nach Belieben an den Enden kreuzweise einschneiden.

3. Nach etwa 2 Minuten Kochzeit die übrigen abgetropften Zutaten zu den Nudeln geben, damit sie im Kochwasser heiß werden. Nach ca. 3 Minuten werden die Nudeln leicht gelblich – dann sind sie fertig. Wenn sie noch weiter garen, werden sie weicher, dicker und fast durchsichtig. Was Ihnen eher zusagt, ist Geschmackssache!

TIPPS:

In die Ramen-Suppe passt alles, was Sie auch in eine gute klare Suppe geben würden: Gemüse, Würstchen, Backerbsen, Krabben, Klößchen, gefüllte Teigtaschen – was Ihre Vorräte eben hergeben.

Würzen kann man mit Sojasauce oder Bohnenpaste oder einfach mit Salz und Pfeffer.

Ein Stück Butter im Kochwasser hebt den Geschmack.

Lassen Sie ein ganzes Ei (ohne Schale) zusammen mit den Ramen im Kochwasser garen.

Statt Brühepulver können Sie auch Miso nehmen – gibt es als Paste oder Pulver.

Klein geschnittene Peperoni sind die perfekte Ergänzung für alle, die gerne scharf essen.

INFO:

Ramen- oder Mie-Nudeln sind für die schnelle Notfallküche natürlich ideal – leider auch kostspielig. Die Nudeln werden nämlich – wenn es ganz schnell gehen soll – nur mit heißem Wasser oder Brühe übergossen und ziehen dann je nach Hersteller 4–6 Minuten. Sie sind genauso sättigend wie ihr italienisches Pendant. Ramen-Suppen gibt es auch fix und fertig als Instant-Becher, in die Sie nur noch heißes Wasser gießen müssen.

Tomatensuppe mit Bohnen und Hörnchen

FÜR 2 PORTIONEN

400 ml Brühe
150 g Hörnchennudeln
1 Dose gehackte Tomaten (400 g Einwaage)
1 Dose Brechbohnen (225 g Abtropfgewicht)
1 kleine Dose Möhren (110 g Abtropfgewicht)
1 kleine Dose Kidneybohnen (125 g Abtropfgewicht)
1 TL getrockneter Oregano
Salz, Pfeffer
Balsamessig

1. Brühe in einem Topf zum Kochen bringen und Hörnchen darin nach Packungsanleitung al dente kochen.

2. Tomaten, abgetropfte Bohnen, Möhren, Kidneybohnen und Oregano dazugeben und 2–3 Minuten erhitzen.

3. Mit Salz, Pfeffer und – wenn vorhanden – Balsamessig (ersatzweiße weißer Essig) abschmecken.

TIPP:

Die Suppe ist von der beliebten italienischen Minestrone inspiriert. Sie beinhaltet nur mehr Tomaten. Stilecht streue ich gerne frisch geriebenen Parmesan darüber und garniere das Ganze mit ein paar Blättern Basilikum.

FRISCHETIPP:

Möhren und grüne Bohnen müssen nicht unbedingt aus der Dose kommen. Sie können 1–2 Möhren und 250 g grüne Bohnen putzen, waschen und in etwa 3 cm lange Stücke schneiden. Gemüse dann in der Brühe kochen, die Sie später für die Hörnchen verwenden. Herausnehmen und beiseite stellen. Nicht vergessen, die Brühe wieder auf 400 ml aufzufüllen!

HÜLSEN-FRÜCHTE

Hülsenfrüchte sind unproblematisch in der Zubereitung und vielseitig in der Verwendung. Sie vertragen sich mit jeglichem Gemüse, machen lange satt und sind auch noch sehr gesund. Weil aufwendige Zubereitungen weder auf dem Segelboot noch in Notzeiten gefragt sind, rate ich davon ab, getrocknete Bohnen und Kichererbsen zu bevorraten. Denn die müssen eingeweicht und lange gekocht werden. Beides gibt es vorgekocht in verschiedenen Dosengrößen. Linsen hingegen, besonders die roten und gelben, sind schnell gar. Mit Tellerlinsen gibt es auch einige Fertiggerichte mit Gemüse oder Wurst, die, mit ein paar Gewürzen aufgepeppt, eine schnelle Mahlzeit ergeben.

Marokkanischer Kichererbseneintopf

FÜR 2 PORTIONEN

1 kleine Zwiebel
2 Knoblauchzehen
1 EL Olivenöl
400 ml Brühe
je ½ TL gemahlener Kreuzkümmel, Koriander und Zimt oder 1 TL Ras el-Hanout
1 TL Paprikapulver, rosenscharf oder edelsüß
1 Dose gehackte Tomaten (400 g Einwaage)
1 Dose Kichererbsen (180 g Abtropfgewicht)
100 g Couscous
50 g Schafskäse
2 Stängel glatte Petersilie
1 TL Chiliflocken nach Belieben

1. Zwiebel und Knoblauch schälen und klein hacken. Olivenöl in einem mittelgroßen Topf erhitzen und Zwiebel und Knoblauch darin goldgelb braten.

2. Mit Brühe ablöschen, die Gewürze einrühren und aufkochen lassen.

3. Tomaten, abgegossene Kichererbsen und Couscous dazugeben und nochmals aufkochen lassen. Topf zugedeckt auf einen Untersetzer stellen und 20 Minuten in die Bettdecke oder den Schlafsack packen. (Alternativ im Topf auf dem Herd bei geringer Hitze 10 Minuten ziehen lassen, bis der Couscous weich ist. Dabei öfter umrühren!)

4. Schafskäse mit einer Gabel etwas zerdrücken. Wenn vorhanden die Petersilie waschen, trocken schütteln, die Blätter von den Stängeln zupfen und hacken. Eintopf nach Belieben mit Schafskäse, Chiliflocken und Petersilie bestreuen.

TIPP:

Um den Eintopf richtig orientalisch scharf zu kriegen, können Sie auch die Würzpaste Harissa verwenden. Sonst empfehle ich Ihnen die Würzmischung Ras el-Hanout, denn die gibt vielen Gerichten ein interessantes Aroma. Falls Ihnen das Gericht zu scharf geraten ist, helfen Schafs- oder Ziegenkäse, den Sie dazu essen oder hineinbröckeln können.

Möhren-Mais-Eintopf mit gelben Linsen

FÜR 2 PORTIONEN

1 Zwiebel
1–2 Knoblauchzehen
2 EL Olivenöl
150 g gelbe Linsen
500 ml Brühe, eventuell noch mehr zum Auffüllen
1 TL getrockneter Majoran oder andere Kräuter
30 g getrocknete Tomaten
1 kleine Dose Möhren (110 g Abtropfgewicht)
1 Dose Goldmais (280 g Abtropfgewicht)
Salz, Pfeffer

1. Zwiebel und Knoblauch schälen und klein hacken. Öl in einem Topf erhitzen und Zwiebel und Knoblauch darin goldgelb braten. Linsen, Brühe und Majoran dazugeben, aufkochen lassen. Topf vom Herd nehmen und Linsen zugedeckt 15 Minuten quellen lassen.

2. Getrocknete Tomaten in Streifen schneiden und zusammen mit den abgetropften Möhren und Mais dazugeben. Nach Wunsch noch etwas Brühe angießen. Mit Salz und Pfeffer abschmecken und alles nochmals erhitzen.

FRISCHETIPPS:

1 Möhre schälen und putzen. In etwa 3 cm lange Stifte schneiden und mit den Linsen kochen lassen.

Die getrockneten Tomaten durch 2 frische Tomaten ersetzen: Tomaten waschen, halbieren, Stielansätze und Kerne entfernen und das Fruchtfleisch in Streifen oder Würfel schneiden. Am Schluss mit dem Mais zum Eintopf geben.

Riesenbohnen mit süß-saurer Tomatensauce

FÜR 2 PORTIONEN

1 Zwiebel
1 Knoblauchzehe
1 EL Olivenöl
1 Dose gehackte Tomaten (400 g Einwaage)
2 TL Honig
2 EL weißer Essig
Salz, Pfeffer oder Cayennepfeffer nach Geschmack
1 Dose weiße Riesenbohnen (240 g Abtropfgewicht)
1–2 EL Schnittlauch in Röllchen oder gehackte Petersilie (wenn vorhanden)

1. Zwiebel und Knoblauch schälen und klein hacken. Olivenöl in einem mittelgroßen Topf erhitzen und Zwiebel und Knoblauch darin goldgelb braten. Die Tomaten unterrühren und bei reduzierter Hitze offen 5–7 Minuten etwas einkochen lassen. Dabei öfters umrühren.

2. Honig und Essig einrühren. Mit Salz und Pfeffer oder Cayennepfeffer abschmecken.

3. Die Bohnen in einem Sieb abtropfen lassen, in die Tomatensauce geben und 3 Minuten darin erwärmen.

4. Nach Belieben mit Schnittlauch oder Petersilie bestreuen.

TIPP:

Wenn Sie noch eine Ingwerwurzel in Ihren Vorräten haben: Ein etwa daumengroßes Stück davon geschält und klein gewürfelt passt gut in die Sauce. Ich versuche auch immer, frische Kräuter an Bord zu haben, zum Beispiel ein Töpfchen Petersilie oder Basilikum. Damit sieht jedes Gericht gleich viel schöner aus!

Berglinsen mit getrockneten Tomaten und Süßkartoffeln

FÜR 2 PORTIONEN

1 kleine Zwiebel
1 EL Olivenöl
200 g Berg- oder Pardinalinsen (ersatzweise Tellerlinsen)
500 ml Brühe
30 g getrocknete Tomaten
Salz, Pfeffer
weißer Essig nach Belieben
1 Dose Süßkartoffeln oder Kürbis (265 g Abtropfgewicht)

1. Die Zwiebel abziehen und klein würfeln. Olivenöl in einem kleinen Topf erhitzen und Zwiebel darin goldgelb braten. Linsen und Brühe dazugeben, aufkochen und 10 Minuten bei mäßiger Hitze kochen. Dabei ab und zu umrühren.

2. Die getrockneten Tomaten in Streifen schneiden und zu den Linsen geben. Topf zugedeckt auf einen Untersetzer stellen, fest in eine Bettdecke oder einen Schlafsack packen und Linsen 1 Stunde quellen lassen. (Alternativ Linsen im Topf auf dem Herd 20–25 Minuten bei geringer Hitze weiterköcheln lassen. Dabei öfters umrühren, denn Linsen setzen sich gerne am Boden fest!)

3. Mit Salz, Pfeffer und Essig abschmecken. Die abgetropften Süßkartoffeln kurz in den Linsen erwärmen. Wenn Sie frisches Basilikum auf der Fensterbank haben, passt das jetzt gut dazu.

INFO:

Berglinsen, die es auch in Bio-Qualität gibt, sind etwas kleiner und bleiben bissfester als Tellerlinsen. Wenn Ihr Supermarkt keine führt, nehmen Sie Pardina-Linsen. Auch sie sind klein und bleiben schön knackig. Praktischerweise muss man sie vor dem Kochen nicht einweichen.

TIPP:

Sie können die Linsen nach Belieben auch mit anderen Gemüsesorten zubereiten. Würstchen oder geräucherte Wurst machen sich ebenfalls gut darin.

Linsenreis mit Gemüse

FÜR 2 PORTIONEN

1 kleine Zwiebel
1 EL Olivenöl
100 g Langkornreis
100 g gelbe Linsen
500 ml Brühe
1 gestrichener EL Currypulver
nach Belieben ½ TL gemahlener Koriander
1 Dose Erbsen mit Möhren (215 g Abtropfgewicht)
1 Dose Brechbohnen (225 g Abtropfgewicht)
Salz, Pfeffer
Zitronensaft
2 Stängel glatte Petersilie oder Koriander

1. Die Zwiebel schälen und fein hacken. Öl in einem mittelgroßen Topf erhitzen und Zwiebel darin goldgelb braten. Reis und Linsen dazugeben und kurz mitbraten.

2. Die Brühe angießen, die Gewürze hinzufügen und das Ganze 5 Minuten offen kochen lassen.

3. Topf zugedeckt auf einen Untersetzer stellen, in die Bettdecke oder den Schlafsack packen und Linsen-Reis mindestens 1 Stunde ziehen lassen, bis die Linsen so gut wie zerfallen sind. (Alternativ Linsen-Reis im Topf auf dem Herd 25–30 Minuten bei geringer Hitze ziehen lassen – dabei öfter umrühren!)

4. Dosengemüse abgießen, Bohnen in etwa 1 cm große Stücke schneiden. Linsen-Reis mit Salz, Pfeffer und Zitronensaft abschmecken und das Gemüse unterheben.

5. Petersilie oder Koriander (wenn vorhanden) waschen, trocken schütteln, die Blätter von den Stängeln zupfen und über den Linsenreis streuen.

TIPP:

Auch Blumenkohl, Tomaten oder Kidneybohnen sind geeignete Zutaten. Gerne wird Dal – so nennt man in Indien diese cremige Speise – mit Joghurt oder Schmand serviert und mit frischem Koriander bestreut.

FRISCHETIPP:

Verwenden Sie ca. 100 g tiefgekühlte Erbsen. 1 Möhre und 200 g grüne Bohnen waschen, putzen bzw. schälen und in 3 cm lange Stifte schneiden. Gleich am Anfang mit in die Brühe geben.

Grüne Bohnen mit Kichererbsen und Tomaten

FÜR 2 PORTIONEN

1 Zwiebel
1–2 Knoblauchzehen
1 EL Olivenöl
250 ml Brühe
1 TL Kümmel
1 Dose Kichererbsen (265 g Abtropfgewicht)
1 Dose gehackte Tomaten (400 g Einwaage)
1 Dose Brechbohnen (225 g Abtropfgewicht)
Salz, Pfeffer
Essig und Petersilie nach Belieben

1. Die Zwiebel schälen und in Ringe schneiden. Knoblauchzehen schälen und in feine Scheiben schneiden. Öl in einem mittelgroßen Topf erhitzen und Zwiebel und Knoblauch darin goldgelb braten.

2. Mit Brühe aufgießen, den Kümmel dazugeben und aufkochen lassen. Die Kichererbsen abgießen und zusammen mit Tomaten und abgegossenen Bohnen in die Brühe geben. Gut vermischen und alles 2–3 Minuten bei geringer Hitze köcheln lassen.

3. Mit Salz, Pfeffer und Essig nach Belieben abschmecken. Wenn Sie Petersilie zur Hand haben, ein paar Blätter vor dem Servieren darüberstreuen.

FRISCHETIPP:

250 g grüne Bohnen waschen und putzen. Vor der weiteren Verarbeitung etwa 15 Minuten in einem Topf mit Salzwasser weich kochen.

Kichererbsen mit Blumenkohl und Süßkartoffeln

FÜR 2 PORTIONEN

500 ml Brühe
1 Dose Kichererbsen (400 g Einwaage)
1 EL Currypulver
½ TL gemahlener Zimt nach Belieben
1 Glas Blumenkohl (380 g Abtropfgewicht)
1 Dose Süßkartoffeln oder Kürbis (265 g Abtropfgewicht)

1. Die Brühe in einen mittelgroßen Topf geben. 4 EL Kichererbsen aus der Dose (Kichererbsen nicht abschütten, Einlegesud mit verwenden) mit einer Gabel zerdrücken und mit dem restlichen Doseninhalt in die Brühe geben.

2. Curry einrühren und alles aufkochen lassen. Blumenkohl in ein Sieb abgießen und gut abbrausen. (Blumenkohl in Gläsern ist meist sauer eingelegt – wegen der Haltbarkeit.)

3. Blumenkohl und abgetropfte Süßkartoffeln zu den Kichererbsen geben und alles zusammen 5 Minuten erhitzen.

TIPPS:

Auch dieses Essen schlüpft gern unter die Bettdecke. Sie können es vorbereiten und dann den Topf 1–2 Stunden eingepackt lassen – so zieht alles schön durch.

Ich koche an Bord gerne solche indischen Eintöpfe. Deshalb kommen auch immer die entsprechenden Gewürze mit – für dieses Gericht eignet sich zum Beispiel Garam Masala. Da ist alles ausgewogen enthalten: Kardamom, Pfeffer, Zimt, Kreuzkümmel, Muskat und Chili. Mit 1 TL Gewürz sind Sie gut dabei!

Je nach Vorrat können Sie auch anderes Gemüse verwenden.

Frisches Gemüse, sofern vorhanden, putzen, in kleine Würfel schneiden und in der Brühe bissfest vorkochen.

FRISCHETIPP:

Natürlich schmeckt das Gericht mit frischem Blumenkohl noch besser. Sie brauchen dafür etwa ½ Kopf. Röschen in mundgerechten Stücken abschneiden und etwa 15 Minuten in einem Topf mit Salzwasser bei milder Hitze weich kochen. Den restlichen Blumenkohl können Sie klein schneiden und mit Essig, Öl und vielleicht 1 kleinen Dose Mais zu einem Salat verarbeiten.

Schwarze-Bohnen-Suppe mit Süßkartoffeln

FÜR 2 PORTIONEN

1 Zwiebel
1 EL Olivenöl
½ TL gemahlener Zimt
200 ml Brühe
1 mittelgroße Dose Kidneybohnen (255 g Abtropfgewicht)
1 Dose Süßkartoffeln oder Kürbis (265 g Abtropfgewicht)
1 Dose gehackte Tomaten (400 g Einwaage)
Salz, Pfeffer
Kräuter nach Belieben

1. Die Zwiebel schälen und in Ringe schneiden. Olivenöl in einem mittelgroßen Topf erhitzen und Zwiebel darin goldgelb braten. Mit Zimt würzen, die Brühe angießen und aufkochen.

2. Kidneybohnen und Süßkartoffeln in ein Sieb geben und abtropfen lassen. Mit den Tomaten in die Brühe geben und alles zusammen 5 Minuten bei milder Hitze erwärmen.

3. Mit Salz und Pfeffer abschmecken und mit gehackten Kräutern nach Belieben (und Vorhandensein) bestreuen.

Linsen-Bolognese

FÜR 2 PORTIONEN

1 Zwiebel
2–3 Knoblauchzehen
1 EL Olivenöl
2 EL Tomatenmark
250 ml Brühe
1 Dose oder Tetrapack passierte Tomaten (400 g Einwaage)
je 1 TL getrockneter Majoran und Oregano
125 g rote oder gelbe Linsen
1 kleine Dose Möhren (110 g Abtropfgewicht)
Salz, Pfeffer
Balsamessig oder weißer Essig

1. Zwiebel und Knoblauchzehen schälen und klein hacken. Öl in einem mittelgroßen Topf erhitzen und Zwiebel und Knoblauch darin goldgelb braten.

2. Tomatenmark dazugeben und kurz mitbraten. Die Brühe angießen, Tomaten, Majoran, Oregano und Linsen dazugeben und aufkochen lassen.

3. Die Möhren abgießen, klein schneiden und unterheben.

4. Topf zugedeckt auf einen Untersetzer stellen, in eine Bettdecke oder einen Schlafsack packen und Linsen 1 Stunde garen. (Alternativ dazu Linsen im Topf mit Deckel auf dem Herd bei geringer Hitze in 20 Minuten weich kochen.)

5. Mit Salz, Pfeffer und Balsamessig abschmecken und nach Belieben zu Teigwaren, Reis oder einfach Brot essen.

Kichererbsen-Maronen-Eintopf

FÜR 2 PORTIONEN

1 Zwiebel
2 Knoblauchzehen
2 EL Olivenöl
2 EL Tomatenmark
250 ml Wasser oder Brühe
1 TL getrockneter Rosmarin (ersatzweise Oregano oder Thymian)
1 Dose oder Tetrapack passierte Tomaten (400 g Einwaage)
1 Dose Kichererbsen (265 g Abtropfgewicht)
200 g Maronen (vakuumverpackt)
Salz, Pfeffer
Balsamessig oder weißer Essig

1. Zwiebel und Knoblauch schälen und beides klein würfeln. Olivenöl in einem Topf erhitzen und Zwiebel und Knoblauch darin goldgelb braten. Das Tomatenmark dazugeben und kurz mitbraten.

2. Wasser oder Brühe und Rosmarin dazugeben und das Gemisch 3 Minuten kochen lassen.

3. Tomaten, Kichererbsen (nach Belieben zuvor abgießen) und halbierte Maronen unterrühren und zum Erwärmen einmal aufkochen lassen.

4. Mit Salz, Pfeffer und Balsamessig (oder weißem Essig) abschmecken.

GETREIDE

Getreide und die sogenannten Pseudogetreide sind sehr nahrhaft und sättigend. Das Praktische daran: Sie lassen fast alles mit sich machen, sind preiswert und unkompliziert in der Zubereitung. Entweder mit heißem Wasser übergießen oder aufkochen und ab in den Schlafsack. Wie das geht und wie lange es braucht, finden Sie jeweils beim Rezept und in der Tabelle auf Seite 21. Sie können bei den Rezepten auch die Getreidesorten austauschen, das heißt statt Quinoa zum Beispiel Hirse verwenden oder Bulgur anstelle von Couscous.

Quinoa Texmex

FÜR 2 PORTIONEN

1 kleine Zwiebel
1 EL Olivenöl
150 g Quinoa, Farbe egal
300 ml Brühe
½ TL Cayennepfeffer oder rosenscharfes Paprikapulver
1 Glas gegrillte Paprika (190 g Abtropfgewicht)
1 Dose Goldmais Texas-Mix (265 g Abtropfgewicht)
Salz
etwas weißer Essig

1. Zwiebel schälen und klein würfeln. Olivenöl in einem mittelgroßen Topf erhitzen und die Zwiebel darin andünsten.

2. Quinoa, Brühe und Cayennepfeffer dazugeben, zugedeckt aufkochen lassen und dann bei reduzierter Hitze 5 Minuten köcheln lassen. Topf zugedeckt auf einen Untersetzer stellen, fest in den Schlafsack oder die Bettdecke packen und Quinoa 50 Minuten ziehen lassen. (Alternativ Quinoa im Topf auf dem Herd 20–25 Minuten bei geringer Hitze zugedeckt garen. Dabei öfter umrühren.)

3. Abgetropfte gegrillte Paprika in Streifen oder Würfel schneiden und mit dem abgetropften Tex-Mex-Mais unter die Quinoa mischen. Mit Salz und Essig abschmecken. Topf noch mal zugedeckt 10 Minuten in den Schlafsack oder unter die Bettdecke stecken oder 5 Minuten auf den Herd stellen, damit das Gemüse warm werden kann.

FRISCHETIPPS:

Statt der Zwiebel können Sie 4 Lauchzwiebeln abziehen, mit viel Grün in Ringe schneiden und anbraten.

Wenn Sie noch eine frische Paprikaschote haben: waschen, putzen und in Würfel schneiden. Zu den Zwiebeln geben und beides zusammen unter Rühren leicht anbraten.

Kürbis-»Hirsotto«

FÜR 2 PORTIONEN

1 kleine Zwiebel
1 Knoblauchzehe
1 EL Olivenöl
150 g Hirse
350 ml Brühe
1 Prise Salz
1 Glas oder Dose Kürbiswürfel (265 g Einwaage)
Salz, Pfeffer
1–2 EL Butter oder Öl

1. Zwiebel und Knoblauch schälen und klein hacken. Olivenöl in einem mittelgroßen Topf erhitzen und Zwiebel und Knoblauch darin goldgelb braten.

2. Hirse dazugeben und kräftig durchrühren. Die Brühe mit Salz angießen, zum Kochen bringen und alles offen bei mittlerer Hitze 5 Minuten köcheln lassen.

3. Den Topf zugedeckt auf einen Untersetzer stellen, in eine Bettdecke oder den Schlafsack packen und die Hirse 20–25 Minuten (oder länger) quellen lassen, bis sie weich ist. (Alternativ im Topf auf dem Herd 5 Minuten köcheln lassen, von der Kochstelle nehmen und 10–12 Minuten quellen lassen.)

4. Kürbis durch ein Sieb abgießen. Hirse mit Salz und Pfeffer abschmecken und die Butter kräftig unterrühren. Den Kürbis unterheben.

TIPP:

Sie können das Risotto aus Hirse mit ein wenig frisch geriebener Muskatnuss oder Zimt bestreuen. Gut passen auf jeden Fall Kürbiskerne, die Sie nach Belieben in wenig Fett geröstet obenauf streuen. Wenn die Hirse weicher werden soll, einfach 50 ml Brühe mehr nehmen und 10 Minuten länger quellen lassen.

FRISCHETIPP:

Kürbis können Sie natürlich auch frisch verwenden. Hokkaido ist da sehr praktisch, da er mit Schale gekocht wird. Von einem kleinen Hokkaido (Schale waschen!) etwa 350 g abschneiden, Kerne entfernen und Fruchtfleisch würfeln. Gleich in der Brühe mit der Hirse kochen.

Quinoa mit Paprika und Süßkartoffel

FÜR 2 PORTIONEN

150 g weiße Quinoa (andere Farben sind auch okay)
300 ml Wasser oder Brühe
1 Glas in Öl eingelegte rote Paprika (190 g Abtropfgewicht)
1 Dose Süßkartoffeln oder Möhren (265 g Abtropfgewicht)
Salz, Pfeffer
Petersilie, wenn vorhanden

1. Quinoa, Wasser oder Brühe in einen mittelgroßen Topf geben und zugedeckt aufkochen lassen. Dann bei reduzierter Hitze 5 Minuten offen köcheln lassen.

2. Topf zugedeckt auf einen Untersetzer stellen, fest in die Bettdecke oder den Schlafsack packen und Quinoa 50 Minuten quellen lassen. (Oder Quinoa im Topf auf dem Herd 20–25 Minuten bei geringer Hitze zugedeckt weiterköcheln lassen. Dabei öfter umrühren!)

3. Abgetropfte eingelegte Paprika in Würfel oder Streifen schneiden. Süßkartoffel oder Möhren abgießen und würfeln. Beides unter die Quinoa mischen, mit Salz und Pfeffer würzen und eventuell mit gehackter Petersilie bestreuen.

FRISCHETIPP:

300 g Süßkartoffel oder Möhren schälen, putzen und in etwa 1 ½ cm große Würfel schneiden. Das Gemüse in den Topf geben, bevor dieser unter der Bettdecke verschwindet.

Buchweizen mit getrockneten Steinpilzen

FÜR 2 PORTIONEN

15 g getrocknete Steinpilze
100 ml lauwarmes Wasser
1 kleine Zwiebel
1 EL Olivenöl
150 g Buchweizen
200 ml Brühe oder Wasser
Salz, Pfeffer
2 EL Butter
20 g geriebener Parmesan
frischer Thymian, wenn vorhanden

1. Die Steinpilze in einer Schüssel mit dem lauwarmen Wasser ca. 1 Stunde lang einweichen.

2. Zwiebel schälen und fein hacken. Olivenöl in einem mittelgroßen Topf erhitzen und die Zwiebel darin glasig anschwitzen. Buchweizen dazugeben und ebenfalls etwas anschwitzen.

3. Brühe oder Wasser angießen und die Pilze mit dem Einweichwasser dazugeben. Aufkochen lassen, dann 5 Minuten offen köcheln lassen. Gut umrühren, damit sich nichts am Boden festsetzt. Topf zugedeckt auf einen Untersetzer stellen, in die Bettdecke oder den Schlafsack packen und Buchweizen 20–25 Minuten garen. (Alternativ im Topf auf dem Herd ca. 15 Minuten bei geringer Hitze weiterköcheln lassen.)

4. Buchweizen mit Salz und Pfeffer würzen und die Butter einrühren. Mit Parmesan und – wenn vorhanden – Thymianblättchen bestreuen.

Bulgur mit Pilzen und Schafskäse

FÜR 2 PORTIONEN

300 ml Brühe
150 g Bulgur
1 Dose oder Glas Champignons (230 g Abtropfgewicht)
150–200 g Schafs- oder Ziegenfeta
1–2 Knoblauchzehen
1 EL Olivenöl
Salz, Pfeffer

1. Brühe in einem kleinen Topf zum Kochen bringen und den Bulgur unter Rühren hineinstreuen. 3 Minuten offen köcheln lassen (Vorsicht, es kann schäumen!).

2. Topf zugedeckt auf einen Untersetzer stellen, in eine Bettdecke oder den Schlafsack packen und Bulgur 15–20 Minuten quellen lassen. (Alternativ im Topf bei geringer Hitze auf dem Herd etwa 15 Minuten quellen lassen, bis alle Flüssigkeit aufgesogen ist.)

3. In der Zwischenzeit die Champignons durch ein Sieb abgießen und gut abtropfen lassen. Den Feta in Würfel schneiden. Die Knoblauchzehen schälen und klein hacken.

4. Olivenöl in einer Pfanne erhitzen und den Knoblauch darin goldgelb braten. Die Champignons dazugeben und unter Rühren etwas anbraten. Bulgur mit einer Gabel auflockern und untermischen.

5. Mit Salz und Pfeffer abschmecken und die Käsewürfel darüberstreuen.

TIPPS:

Das Gericht können Sie natürlich auch mit Couscous oder Reis zubereiten – je nachdem, was Ihre Vorräte noch so hergeben.

Wenn Reste übrig bleiben oder Sie gleich eine größere Menge gekocht haben: Bulgur schmeckt mit einem Dressing angemacht auch als Salat gut.

Schafskäse gibt es in Dosen zu kaufen, wir nehmen ihn öfters auf Reisen mit. Allerdings handelt es sich meist um 500 g Einwaage, sodass Sie – wenn keine Kühlung vorhanden ist – zwei oder drei Mal hintereinander Schafskäse essen müssen.

FRISCHETIPP:

Wenn Sie frische Champignons oder Pilze haben, umso besser. Einfach putzen, je nach Größe halbieren oder vierteln und anbraten.

Couscous mit Möhren, Bohnen und getrockneten Tomaten

FÜR 2 PORTIONEN

20 g getrocknete Tomaten
300 ml Brühe
150 g Couscous
1 kleine Dose Möhren (110 g Abtropfgewicht)
1 Dose Brechbohnen (225 g Abtropfgewicht)
Salz, Pfeffer
½–1 TL gemahlener Kardamom oder orientalische Gewürzmischung, zum Beispiel Ras el-Hanout

1. Die getrockneten Tomaten in Streifen schneiden. Brühe in einem kleinen Topf zum Kochen bringen und Couscous unter Rühren hineinstreuen. Die Tomatenstücke dazugeben und alles zusammen 2 Minuten sanft köcheln lassen.

2. Topf zugedeckt auf einen Untersetzer stellen, fest in die Bettdecke oder den Schlafsack packen und Couscous 20 Minuten quellen lassen. (Alternativ Couscous im Topf auf dem Herd bei geringer Hitze 10 Minuten garen, bis alle Flüssigkeit aufgesogen ist.)

3. Möhren und Bohnen abgießen. Couscous mit Salz und Pfeffer abschmecken und mit der Gewürzmischung würzen. Das Gemüse unterheben und kurz warm werden lassen.

FRISCHETIPP:
Möhren und Bohnen gibt es das ganze Jahr über auch frisch zu kaufen. 1 kleine Möhre und 250 g grüne Bohnen putzen bzw. schälen, Bohnen in 3 cm lange Stücke schneiden, Möhren in Stifte. Beides am Anfang mit dem Couscous in die Brühe geben.

Buchweizen mit Rosenkohl

FÜR 2 PORTIONEN

1 kleine Zwiebel
1–2 Knoblauchzehen
3 EL Olivenöl
150 g Buchweizen
300 ml Wasser oder Brühe
1 Glas Rosenkohl (395 g Abtropfgewicht)
50 g Walnusskerne
Salz, Pfeffer
30 g getrocknete Cranberrys
Petersilie, wenn vorhanden

1. Zwiebel und Knoblauch schälen und klein hacken. 1 EL Olivenöl in einem kleinen Topf erhitzen, und Zwiebel und Knoblauch darin goldgelb braten. Buchweizen dazugeben und kurz mitrösten.

2. Mit Wasser oder Brühe aufgießen, aufkochen lassen und 5 Minuten offen köcheln lassen. Topf auf einen Untersetzet stellen, fest in eine Bettdecke oder den Schlafsack packen und Buchweizen 20–25 Minuten ziehen lassen, bis er weich ist. (Alternativ Buchweizen im Topf auf dem Herd etwa 15 Minuten bei geringer Hitze weiterköcheln lassen.)

3. In der Zwischenzeit den Rosenkohl abgießen und gut abtropfen lassen. Die Röschen eventuell halbieren. Walnusskerne hacken. Restliches Öl in einer Pfanne erhitzen und Rosenkohl und Walnusskerne darin unter Rühren ein wenig anbraten.

4. Den fertigen Buchweizen unterrühren, mit Salz und Pfeffer abschmecken und mit Cranberrys und eventuell Petersilie bestreuen.

FRISCHETIPP:

Frischen heimischen Rosenkohl gibt es von Oktober bis etwa März. Sie brauchen für dieses Rezept 500 g, da beim Putzen relativ viel Abfall entsteht. Die halbierten Köpfchen kommen zusammen mit der Brühe in den Topf.

TIPP:

Wenn Sie einen – lange haltbaren – Granatapfel im Vorrat haben: Jetzt wäre die Gelegenheit, seine Kerne zu verwenden. Statt oder zusammen mit den Cranberrys über den Buchweizen streuen.

SALATE

Schnell einen Salat zaubern, das ist eine der einfachsten Übungen. Als Dressing sind Miracel Whip oder andere Mayonnaise-Zubereitungen sehr beliebt. Kaufen Sie solche Zutaten in eher kleinen Gläsern – ohne Kühlung sind diese geöffnet nicht lange haltbar.

Rote-Bete-Salat mit Senfgurken und Erbsen

FÜR 2 PORTIONEN

2 EL Essig
2 EL Olivenöl
1 TL Senf
Salz, Pfeffer
1 Dose Rote Bete (265 g Abtropfgewicht)
1 kleine Dose Erbsen (140 g Abtropfgewicht)
1 Glas Senfgurken (215 g Abtropfgewicht)

1. Aus Essig, Öl, Senf, Salz und Pfeffer in einer Salatschüssel ein Dressing rühren.
2. Abgetropfte Rote Bete eventuell mundgerecht zerkleinern.
3. Erbsen und Senfgurken durch ein Sieb abgießen und zusammen mit der Roten Bete in die Schüssel geben. Gut mit dem Dressing mischen und Salat 15–20 Minuten ziehen lassen.

TIPPS:

Probieren Sie die Senfgurken zuvor – sie sind meist recht sauer eingelegt, sodass Sie entweder diesen Sud statt des Essigs verwenden können oder weniger Essig für das Dressing brauchen.

Sie können auch vakuumverpackte Rote Bete kaufen, die es meist in 500-g-Packungen gibt. Dann einfach die doppelte Menge Salat zubereiten, er hält sich auch ohne Kühlung 1 Tag und zieht dann so richtig gut durch.

Wurstsalat »russisch«

FÜR 2 PORTIONEN

2 EL Miracel Whip
1–2 TL Olivenöl
1 EL weißer Essig
Salz, Pfeffer
1 Glas oder Dose junge Erbsen mit Möhren (215 g Abtropfgewicht)
1 Glas Spargelköpfe (110 g Abtropfgewicht)
4 Wiener Würstchen aus dem Glas

1. Miracel Whip in einer Salatschüssel mit Olivenöl, Essig, Salz und Pfeffer verrühren. Das Gemüse durch ein Sieb abgießen. Spargelköpfe in etwa 1 cm lange Stücke schneiden.

2. Würstchen in dünne Scheiben schneiden. Alle Zutaten in die Schüssel geben und mit dem Dressing vermischen. Salat 15 Minuten durchziehen lassen.

TIPP:

Statt Spargel haben sich hier auch Schwarzwurzeln sehr bewährt oder kleine Kartoffeln aus dem Glas. Wenn Sie noch ein paar Nudeln, Linsen oder andere Zutaten übrig haben – nur rein damit.

Rote-Bete-Salat mit Quinoa und Süßkartoffel

FÜR 2 PORTIONEN

150 g rote Quinoa
300 ml Brühe
40 ml weißer Essig
1 TL Kümmel
Salz, Pfeffer
2 EL Olivenöl
50 g Haselnüsse
1 Dose Rote Bete (265 g Abtropfgewicht)
1 Dose Süßkartoffeln (265 g Abtropfgewicht)

1. Quinoa mit der Brühe in einem kleinen Topf aufkochen lassen und dann offen 5 Minuten köcheln lassen. Topf zugedeckt auf einen Untersetzer stellen, in die Bettdecke oder den Schlafsack packen und Quinoa 40 (kernig) bis 50 (weicher) Minuten ziehen lassen. (Alternativ im Topf auf dem Herd 20–25 Minuten bei geringer Hitze köcheln lassen.)

2. Essig, Gewürze und Olivenöl in einer Schüssel zu einem Dressing verrühren. Quinoa dazugeben und gut damit vermischen.

3. Haselnüsse grob hacken.

4. Abgetropfte Rote Bete und Süßkartoffeln unter die Quinoa heben und den Salat mit Haselnüssen bestreuen.

INFO:

Rote Bete gibt es in Gläsern auch schon fertig als Salat. Den können Sie für dieses Rezept ebenfalls verwenden, brauchen dann aber weniger Essig für das Dressing.

Wenn Sie vakuumverpackte Rote Bete in 500-g-Packungen im Vorrat haben, bereiten Sie einfach eine größere Menge Salat zu. Er hält sich auch ungekühlt 1 Tag.

TIPP:

Statt der Süßkartoffel können Sie auch Kürbis oder Möhren nehmen.

Reissalat mit roten Bohnen

FÜR 2 PORTIONEN

3 EL Olivenöl
150 g Langkornreis
300 ml Wasser
Salz, Pfeffer
1 mittelgroße Dose Kidneybohnen (255 g Abtropfgewicht)
2 EL weißer Essig
½ TL Chiliflocken nach Belieben
frische Petersilie, wenn vorhanden

1. 1 EL Olivenöl in einem kleinen Topf erhitzen, Reis dazugeben und unter Rühren glasig dünsten. Das Wasser angießen, salzen und aufkochen lassen.

2. Den Topf zugedeckt auf einen Untersetzer stellen, in eine Bettdecke oder den Schlafsack packen und Reis 45 Minuten quellen lassen. Dann mit einer Gabel auflockern und mit Salz und Pfeffer würzen. Abkühlen lassen.

3. Die Kidneybohnen in ein Sieb geben und gut abtropfen lassen.

4. In einer Schüssel Essig, Salz, Pfeffer, eventuell Chiliflocken und restliches Olivenöl zu einem Dressing verrühren. Den abgekühlten Reis und die Kidneybohnen damit gut vermischen. Salat mit Petersilie bestreuen.

Thunfisch-Farfalle-Salat mit Erbsen

FÜR 2 PORTIONEN

400 ml Wasser
Salz
3 EL Olivenöl
200 g Farfalle (oder Penne, Hörnchen, Muscheln etc.)
1 kleine Zwiebel
50 g Miracel Whip
Salz, Pfeffer
50 ml Sahne, wenn vorhanden
1 kleine Dose Erbsen (140 g Abtropfgewicht)
1 Dose Thunfisch naturell (120 g Abtropfgewicht)

1. Wasser mit Salz und 1 EL Olivenöl in einen Topf geben und zum Kochen bringen. Farfalle hineingeben und offen 2 Minuten unter mehrmaligem Rühren kochen lassen.

2. Topf zugedeckt auf einen Untersetzer stellen, in eine Bettdecke oder den Schlafsack packen und Nudeln 10–12 Minuten al dente ziehen lassen. (Alternativ Nudeln in einem Topf mit reichlich Salzwasser nach Packungsanleitung garen und abgießen.) Fertige Nudeln abgießen und abkühlen lassen.

3. Die Zwiebel schälen und fein hacken. In eine Schüssel geben und mit Miracel Whip, Salz, Pfeffer und eventuell Sahne verrühren.

4. Erbsen und Thunfisch abgießen. Thunfisch mit einer Gabel zerpflücken und zusammen mit den Erbsen zum Dressing geben. Die abgekühlten Farfalle untermischen und den Salat 10–15 Minuten durchziehen lassen.

Bulgursalat mit Mais und Erbsen

FÜR 2 PORTIONEN

300 ml Brühe
150 g Bulgur
1 rote Zwiebel, wenn vorhanden, sonst normale Zwiebel
2–3 EL weißer Essig
2 EL Olivenöl
Salz, Pfeffer
1 kleine Dose Mais (140 g Abtropfgewicht)
1 kleine Dose Erbsen (140 g Abtropfgewicht)

1. Brühe in einem kleinen Topf zum Kochen bringen und Bulgur unter Rühren einstreuen. 3 Minuten offen kochen lassen, dann den Topf zugedeckt auf einen Untersetzer stellen, in eine Bettdecke oder den Schlafsack packen und Bulgur 20 Minuten quellen lassen. (Alternativ Bulgur in einem Topf auf dem Herd nach Packungsanleitung garen, bis alle Flüssigkeit aufgesogen ist.) Fertigen Bulgur mit einer Gabel auflockern und ausdampfen lassen.

2. In der Zwischenzeit die Zwiebel schälen und klein würfeln. In einer Schüssel aus Essig, Öl, Salz und Pfeffer ein Dressing rühren und die Zwiebel hineingeben.

3. Bulgur und abgetropftes Gemüse dazugeben und Salat lauwarm oder ganz abgekühlt genießen.

INFO:

Der Unterschied zwischen Bulgur und Couscous, die beide aus Hartweizen gemacht werden, ist: Für Bulgur werden die ganzen Körner gedämpft, getrocknet und dann zerkleinert. Für Couscous wird der Grieß befeuchtet, zu Kügelchen gerollt und dann getrocknet. Bulgur ist grobkörniger und kräftiger im Geschmack, Couscous etwas heller und feiner.

FLEISCH

Die Auswahl an Konserven aus zubereitetem Fleisch ist nicht allzu groß. Sie beschränkt sich im Grunde genommen auf ein paar Gulaschsorten, von denen ich hier auch welche verwende. Natürlich gibt es auch Dosen mit gefüllten Paprikaschoten oder Rinderrouladen, dafür brauchen Sie kein Rezept zusätzlich. Im Grund genommen geht es bei diesen Rezepten hier darum, wie Sie die Zubereitung der Beilage clever mit dem Erhitzen und »Aufwerten« der Konserve kombinieren können. Wie Sie Kartoffeln zu Ihren Fleischkonserven schonend garen, erfahren Sie auf Seite 108 bei den Tipps.

Spätzle mit Gulasch

FÜR 2 PORTIONEN

200 g Spätzle
ca. 500 ml Wasser
1 Dose Gulasch nach Belieben (ca. 400 g Einwaage)
1–2 EL Tomatenmark nach Belieben
1 TL Paprikapulver, rosenscharf oder edelsüß nach Belieben
Salz, Pfeffer
2 EL Butter oder Olivenöl

1. Spätzle in einen breiten Topf geben und ca. 500 ml kaltes (!!!) Wasser dazugießen, sodass die Spätzle gerade damit bedeckt sind. Wasser zum Kochen bringen und Spätzle 3 Minuten sprudelnd kochen lassen.

2. Topf zugedeckt auf einen Untersetzer stellen, fest in die Bettdecke oder den Schlafsack packen und Spätzle 30 Minuten oder länger ziehen lassen. Je nach Hersteller haben die Spätzle dann alle Flüssigkeit oder zumindest fast alle Flüssigkeit aufgesogen und sind schön bissfest. (Alternativ Spätzle in einem Topf mit viel Salzwasser auf dem Herd bissfest kochen und abgießen.)

3. Das Gulasch in einem kleinen Topf erhitzen und nach Belieben mit Tomatenmark und Paprikapulver verfeinern.

4. Fertige Spätzle mit Salz und Pfeffer würzen und Butter oder Öl einrühren.

TIPP:

Wenn der Hunger nicht so groß war und von den Spätzle etwas übrig bleibt, können Sie den Rest für eine kleine Mahlzeit in etwas Olivenöl anbraten und nach Belieben mit Pilzen aus dem Glas oder Kidneybohnen anreichern. Sie machen sich auch gut in einer Suppe aus passierten Tomaten.

Hühnerragout auf Reis

FÜR 2 PORTIONEN

1 EL Öl
150 g Langkornreis
300 ml Wasser oder Brühe
1 Dose Ragout fin vom Geflügel (400 g Einwaage)
50 ml Sahne
1 kleine Dose Erbsen (140 g Abtropfgewicht)
1 Glas Spargelköpfe (110 g Abtropfgewicht)
1–2 EL Zitronensaft
Salz, Pfeffer

1. Öl in einem Topf erhitzen, den Reis dazugeben und unter Rühren glasig dünsten. Mit Wasser oder Brühe aufgießen und aufkochen lassen.

2. Den Topf zugedeckt auf einen Untersetzer stellen, in eine Bettdecke oder den Schlafsack packen und Reis 1 Stunde garen. (Oder Reis im Topf auf dem Herd bei geringer Hitze ca. 20 Minuten zugedeckt quellen lassen, bis sich an der Oberfläche kleine Löcher zeigen.) Fertigen Reis mit einer Gabel auflockern und ausdampfen lassen.

3. Das Ragout in einen Topf füllen, Sahne, abgetropfte Erbsen und Spargelspitzen dazugeben und alles bei niedriger Hitze erwärmen. Mit Zitronensaft, Salz und Pfeffer abschmecken.

TIPP:

Oft sind im Ragout fin schon in Scheiben geschnittene Champignons enthalten. Sie können diese aber auch extra hinzufügen. Andere Reste oder Vorräte wie Mais, Sojasprossen oder Kidneybohnen machen sich ebenfalls gut im Ragout.

INFO:

Was früher gerne als feine Vorspeise in Blätterteig (»Königinpasteten«) serviert wurde, gelangt im Notvorrat zu neuer Blüte. Als Basis für ein schnelles Ragout können Sie die Konserven mal mit Kalbfleisch, mal mit Geflügel oder auch gemischt einsetzen. Das Ragout schmeckt nicht nur zu Reis, auch Spaghetti oder Bulgur eignen sich als Beilage.

Sauerkraut mit Hackbraten

FÜR 2 PORTIONEN

1 Zwiebel
1 EL Olivenöl
1 EL Tomatenmark
½ EL Paprikapulver, edelsüß oder rosenscharf, nach Belieben
150 ml Brühe
1 Dose Sauerkraut (400 g Einwaage)
Salz, Pfeffer
1 Dose Hackbraten (400 g Einwaage)
Petersilie, wenn vorhanden

1. Zwiebel schälen und klein hacken. Olivenöl in einem mittelgroßen Topf erhitzen und Zwiebel darin goldbraun braten. Tomatenmark dazugeben und kurz mitbraten. Paprikapulver und Brühe einrühren und etwas einkochen lassen.

2. Das Sauerkraut mit einer Gabel aus der Dose heben und in den Topf geben, eventuell etwas Wasser angießen, je nachdem, wie trocken oder feucht Sie das Sauerkraut mögen. Sauerkraut 2–3 Minuten bei geringer Hitze köcheln lassen, mit Salz und Pfeffer abschmecken.

3. Hackbraten aus der Dose nehmen (die Sauce können Sie gleich zum Sauerkraut geben), in mundgerechte Würfel schneiden und unter das Sauerkraut mischen. Alles zusammen noch 1–2 Minuten erhitzen und – wenn vorhanden – mit Petersilie bestreuen.

TIPPS:

Sofern vorrätig, passt saure Sahne oder Schmand immer gut zum Sauerkraut. Kartoffeln könnten Sie auch mitkochen, die gibt es vorgekocht im Glas.

Statt Hackbraten passen in Scheiben geschnittene Wiener Würstchen oder Bockwurst (beides in Glas oder Dose) zum Sauerkraut. Auch Ragout vom Weidelamm oder Semmelknödel können Sie, wenn Sie sie bekommen, mit dem Sauerkraut vermischen.

Szegediner Gulasch

FÜR 2 PORTIONEN

1 Zwiebel
1 EL Olivenöl
½ EL Paprikapulver, edelsüß oder rosenscharf, nach Belieben
250 ml Brühe
1 Dose Sauerkraut (400 g Einwaage)
1 Dose Paprikagulasch ungarische Art (400 g Einwaage)

1. Zwiebel abziehen und in feine Scheiben schneiden. Olivenöl in einem mittelgroßen Topf erhitzen und Zwiebel darin goldbraun braten. Paprikapulver und Brühe einrühren und bei mittlerer Hitze etwas einkochen lassen.

2. Das Sauerkraut mit einer Gabel aus der Dose nehmen und in den Topf geben, gut verrühren und 2–3 Minuten bei niedriger Hitze köcheln lassen.

3. Das Paprikagulasch unterrühren und das Ganze bei niedriger Hitze 8 Minuten durchziehen lassen. Dabei öfter umrühren!

TIPPS:

Dazu passen Spätzle gut, die Sie wie auf Seite 102 beschrieben zubereiten können.

Haben Sie Kartoffeln in Ihrem Vorrat? Auch die können Sie nach der »Methode Bettdecke« garen, damit Sie die Gasflamme für das Gulasch frei haben:

400–500 g Kartoffeln (möglichst kleine) waschen, in einen breiten Topf geben, mit Wasser bedecken und 8–10 Minuten kochen. Topf zugedeckt auf einen Untersetzer stellen, fest in eine Bettdecke oder den Schlafsack packen und Kartoffeln in 20–30 Minuten fertig garen.

Um Energie zu sparen, können Sie gleich mehr Kartoffeln zubereiten und die für einen Salat mit Thunfisch oder Bratkartoffeln verwenden. Mit einer Gabel zerdrückt und mit etwas Brühe oder Milch vermischt erhalten Sie ein feines Kartoffelpüree.

Statt aus der Gulaschkonserve ein Szegediner zu machen, können Sie auch eine Art Serbisches Reisfleisch versuchen. Kochen Sie dazu den Reis nach dem Grundrezept auf Seite 20 mit 1 EL Paprikapulver. Dann den Inhalt der Gulaschkonserve in einem Topf erhitzen und mit dem fertigen Reis vermischen.

SÜẞES

Süßes streichelt die Seele – egal, ob man gerade einen Sturm überstanden hat oder sonst von Unbill bedroht ist. Milchreis, Pudding oder der gute alte Grießbrei trösten und machen so satt, dass man sich weiteres Kochen spart. Vielleicht noch ein bisschen Schokolade aus dem Vorrat als »Nachtisch«, und guter Schlaf ist garantiert.

Kokos-Milchreis mit Rosinen und Cashewkernen

FÜR 2 PORTIONEN ALS HAUPTGERICHT

125 g Rundkornreis
300 ml Milch
1 Dose cremige Kokosmilch (200 ml)
2 EL Zucker
1 Prise Salz
40 g Sultaninen oder Rosinen
40 g Cashewkerne oder beliebige Nüsse

1. Reis, Milch, Kokosmilch, Zucker und Salz in einem mittelgroßen Topf zugedeckt zum Kochen bringen. Dabei öfters umrühren.

2. Topf zugedeckt auf einen Untersetzer stellen, in die Bettdecke oder den Schlafsack packen und Reis 50–60 Minuten quellen lassen. (Alternativ Reis im Topf auf dem Herd 30–35 Minuten bei geringer Hitze garen, dabei oft umrühren.)

3. Milchreis heiß oder abgekühlt mit Sultaninen und Cashewkernen bestreut genießen.

TIPP:

Der Kokosgeschmack wird intensiver, wenn Sie gleich zu Beginn 2 EL Kokosflocken in die Milch geben.

Quinoaporridge mit Zimt und Nüssen

FÜR 2 PORTIONEN

150 g Quinoa
300 ml Milch
½ TL gemahlener Zimt
50 g Walnusskerne, Mandeln oder Haselnüsse
2 EL Honig oder Ahornsirup
2 Äpfel, wenn vorhanden, sonst Dosenobst, zum Beispiel Mandarinen

1. Quinoa, Milch und Zimt in einen kleinen Topf geben, aufkochen lassen und offen bei niedriger Hitze 5 Minuten köcheln lassen.

2. Topf zugedeckt auf einen Untersetzer stellen, in eine Bettdecke oder den Schlafsack packen und Quinoa 50 Minuten quellen lassen. (Alternativ Quinoa im Topf auf dem Herd 20–25 Minuten zugedeckt garen.)

3. Die Nüsse klein hacken und unter die fertige Quinoa mischen. Mit Honig süßen und das klein geschnittene Obst nach Belieben unterheben oder dazu essen.

TIPP:

Schmeckt auch gut mit 1–2 EL Kakaopulver. Oder Sie lassen in der Milch 1–2 Rippen Schokolade schmelzen. Quinoaporridge kann eine vollwertige Mahlzeit sein oder als Frühstück dienen.

Puddingtorte mit Kirschen

FÜR 8 PORTIONEN

1 Päckchen Puddingpulver
500 ml Milch
2 EL Zucker
1 Biskuit-Tortenboden
Kirschsirup nach Belieben
1 Glas Schattenmorellen (175 g Abtropfgewicht)

1. Puddingpulver mit etwas Milch glatt rühren. Die restliche Milch in einem Topf aufkochen, Hitze reduzieren und angerührtes Puddingpulver und Zucker untermischen. So lange unter Rühren köcheln lassen, bis die Masse andickt. Dann Topf sofort vom Herd nehmen.

2. Pudding noch heiß auf dem Tortenboden verteilen und so mit Frischhaltefolie abdecken, dass die Folie gut aufliegt und keine Luft an den Pudding kommt, damit sich keine Haut bildet. Pudding mindestens 1 ½ Stunden fest werden lassen.

3. Pudding dünn mit Sirup oder Kirschsaft bestreichen. Die Schattenmorellen in einem Sieb abtropfen lassen und auf dem Kuchen verteilen.

TIPP:

Sie können den Pudding natürlich auch ohne Tortenboden mit einem beliebigen Kompott essen. Ich biete die Torte gerne an, wenn wir am Ankerplatz auf nette Nachbarn treffen. Wenn Sie dazu noch Sprühsahne auftreiben können, wird es ein perfekter Kaffeeklatsch!

FRISCHETIPP:

Frische entsteinte, halbierte Kirschen, in Spalten geschnittene Pfirsiche, Nektarinen oder Aprikosen – wenn ein Markt oder Supermarkt in der Nähe offen hat, nur zu, alles passt auf den Kuchen!

Buchweizenporridge mit Honig und Butter

FÜR 2 PORTIONEN

150 g Buchweizen
400 ml Milch
1 Prise Salz
40 g Zucker
30 g Butter
2 EL Honig

1. Buchweizen mit Milch, Salz und Zucker in einen mittelgroßen Topf geben, aufkochen und 5 Minuten offen köcheln lassen.

2. Topf zugedeckt auf einen Untersetzer stellen, in eine Bettdecke oder den Schlafsack packen und Buchweizen 20–25 Minuten ziehen lassen. (Alternativ im Topf auf dem Herd ca. 15 Minuten bei niedriger Hitze köcheln lassen. Dabei oft umrühren!)

3. Butter in den warmen Buchweizen rühren und mit Honig beträufeln.

TIPP:

Zum Porridge passen natürlich Früchte gut. Konserven dafür kennen einige von Ihnen sicher noch aus der Kindheit: Fruchtsalat, Pfirsiche, Ananas oder Kirschen – vieles davon gibt es jetzt auch in Bio-Qualität. Neuere Varianten sind Mango, Maracuja oder Cranberrys. Noch besser: Sie versorgen sich, wenn möglich, mit frischem Obst!

Hirse mit Trockenfrüchten

FÜR 2 PORTIONEN

150 g Goldhirse
1 Prise Salz
400 ml Milch
100 g getrocknete Soft-Aprikosen
50 g getrocknete Soft-Pflaumen
1–2 EL Honig, Sirup oder Zucker nach Belieben
50 g Korinthen oder Rosinen

1. Die Hirse mit Salz und Milch in einen kleinen Topf geben. Aufkochen lassen und 5 Minuten bei mittlerer Hitze köcheln lassen. Topf zugedeckt auf einen Untersetzer stellen, fest in die Bettdecke oder den Schlafsack einpacken und Hirse 20–25 Minuten oder länger quellen lassen. (Oder im Topf auf dem Herd etwa 15 Minuten weiterkochen und anschließend ausdampfen lassen.)

2. In der Zwischenzeit die Aprikosen und Pflaumen in Streifen schneiden. Hirse nach Belieben mit Honig oder Sirup süßen und die Trockenfrüchte unterheben.

TIPP:

Statt mit Hirse können Sie die Süßspeise auch mit Reis, Buchweizen oder Bulgur zubereiten. Zusätzlich – je nach Vorrat – kann auch noch Zimt, gemahlene Vanille oder Kardamom dazu. Nüsse und andere Trockenfruchtsorten sorgen für Abwechslung.

Reispudding mit Kompott

FÜR 2 PORTIONEN

1 Vanilleschote oder 1 Pck. Vanillezucker, wenn vorhanden
500 ml Milch
50 g Zucker
1 Prise Salz
200 g Reis (am besten Rundkornreis, geht aber auch mit Langkorn)
1 Glas Erdbeer- oder anderes Kompott, zum Beispiel Frucht-Cocktail (ca. 300 g Einwaage)

1. Die Vanilleschote aufschlitzen und das Mark mit einem Messer herauskratzen.
2. Vanillemark (oder Vanillezucker), Milch, Zucker, Salz und Reis in einen kleinen Topf geben und aufkochen lassen.
3. Topf zugedeckt auf einen Untersetzer stellen, fest in eine Bettdecke oder den Schlafsack packen und Reis 1 Stunde quellen lassen. (Alternativ Reis im Topf auf dem Herd bei geringer Hitze 20 Minuten garen. Dabei oft umrühren!)
4. Reis nach Belieben auskühlen lassen und zusammen mit dem Kompott servieren.

Grießbrei mit Kakao

FÜR 2 PORTIONEN

500 ml Milch
1–2 EL Zucker
1 Pck. Vanillezucker, wenn vorhanden
1 Prise Salz
50 g Grieß (am besten Weichweizengrieß)
1 EL Butter
2 EL Kakaopulver

1. Milch mit Zucker, Vanillezucker und Salz in einem kleinen Topf zum Kochen bringen.

2. Grieß unter Rühren einrieseln lassen, noch mal aufkochen und die Butter einrühren.

3. Grießbrei auf 2 tiefe Teller verteilen und 5 Minuten quellen lassen. Kakaopulver daraufstreuen. Heiß, lauwarm oder abgekühlt genießen.

TIPPS:

Grießbrei ist ein richtig feines Soulfood, wie wir es noch aus unserer Kindheit kennen. Auch gut mit Schokoraspeln obenauf oder eingerührt – das tröstet in jeder Lebenslage.

Mit etwas zerlassener Butter und Zimt wird daraus ein Festschmaus!

Sie können den Grießbrei auch mit roter Grütze, Kirschen oder Pfirsichhälften aus dem Glas essen.

Frisches Obst schmeckt natürlich wunderbar dazu!

Wenn Sie ein offenes Päckchen Sahne haben, das weg muss, weil Sie keine Kühlmöglichkeit haben, können Sie den entsprechenden Teil Milch dadurch ersetzen.

REZEPTÜBERSICHT

Hülsenfrüchte ... 55

Getreide ... 75

Salate ... 89

Fleisch ... 101

Süßes ... 109

ZUTATENREGISTER

Bildnachweis

Hintergrund: shutterstock/I.Friedrich; Dosen: shutterstock/Nsit; S. 6: shutterstock/Anna Om; S. 9: shutterstock/J and S Photography; S. 15: shutterstock/Ivonne Wierink, istock/nobtis; S. 16: shutterstock/AntonSAN; S. 22: shutterstock/Jacek Chabraszewski, shutterstock/Anna_Pustynnikova, shutterstock/Elena Hramova, shutterstock/Goskova Tatiana, shutterstock/Karin Nelson, shutterstock/Goskova Tatiana; S. 23: shutterstock/siamionau pavel, shutterstock/AS Food studio, shutterstock/Barbro Bergfeldt; S. 25: shutterstock/Amallia Eka; S. 27: shutterstock/siamionau pavel; S. 29: shutterstock/Barbro Bergfeldt; S. 31: shutterstock/Julie208; S. 33: shutterstock/AS Food studio; S. 34: shutterstock/Luca Santilli; S. 35: shutterstock/Jacek Chabraszewski, shutterstock/Magrig, shutterstock/Ezume Images; S. 37: shutterstock/Olga Nayashkova; S. 39: shutterstock/Martin Turzak; S. 41: shutterstock/Magrig; S. 43: shutterstock/Ezume Images; S. 45: shutterstock/MariaKovaleva; S. 47: shutterstock/Katelyn Racanelli; S. 49: shutterstock/Jacek Chabraszewski; S. 51: shutterstock/Olga Nayashkova; S. 53: shutterstock/Suwit Rattiwan; S. 54: istock/AlexPro9500; S. 55: shutterstock/Anna_Pustynnikova, shutterstock/Elena Hramova, shutterstock/teleginatania; S. 57: shutterstock/Anna_Pustynnikova; S. 59: shutterstock/Mikhail Valeev; S. 61: shutterstock/Iaroshenko Maryna; S. 63: shutterstock/Bartosz Luczak; S. 65: shutterstock/ManaswiPatil; S. 67: shutterstock/Elena Hramova; S. 69: shutterstock/Svetlana Monyakova; S. 71: shutterstock/teleginatania; S. 73: shutterstock/Stanislav71; S. 74: istock/dinoforlena; S. 75: shutterstock/Goskova Tatiana, shutterstock/Larisa Blinova, shutterstock/Tetiana Shumbasova; S. 77: shutterstock/Larisa Blinova; S. 79: shutterstock/Marinka Buronka; S. 81: shutterstock/Tetiana Shumbasova; S. 83: shutterstock/Lyudmila Mikhailovskaya; S. 85: shutterstock/MShev; S. 87: shutterstock/Goskova Tatiana; S. 88: shutterstock/NADKI; S. 89: shutterstock/Goskova Tatiana, shutterstock/AS Food studio, shutterstock/Karin Nelson; S. 91: shutterstock/Goskova Tatiana; S. 93: shutterstock/Tatiana Volgutova; S. 95: shuttertsock/hadasit; S. 97: shutterstock/AS Food studio, S. 99: shutterstock/Karin Nelson; S. 100: shutterstock/nesavinov; S. 101: shutterstock/beaulaz, shutterstock/Marcel Fulsche, shutterstock/DUSAN ZIDAR; S. 103: shutterstock/Sitthipong Pengjan; S. 105: shutterstock/Marcel Fulsche; S. 107: shutterstock/beaulaz; S. 108: shutterstock/DUSAN ZIDAR; S. 109: shutterstock/Nata Bene, shutterstock/SEAGULL_L, shutterstock/minadezhda; S. 111: shutterstock/AS Food studio; S. 113: shutterstock/SEAGULL_L; S. 115: shutterstock/kosam; S. 117: shutterstock/Sunvic; S. 119: shutterstock/minadezhda; S. 121: shutterstock/Nata Bene; S. 123: shutterstock/Rezi Koudelkova